医師の年金Q&A160

社会保険労務士
蓑田 真吾

税務経理協会

はじめに

本書をお手に取っていただき，ありがとうございます。

本書は，医師の方々から受けることの多い年金に関する相談内容をピックアップし，相談内容に対する回答内容をまとめたものです。「医師」といっても，勤務医と開業医では注視すべきポイントはもちろんのこと，制度自体が異なっている場合もあり，働き方による違いも章ごとに分けて執筆しています。

また，「年金」といっても，大きく分けて３種類（老齢・障害・遺族）に分類されます。この年金の枢要部である３種類の年金については，**第４章から第６章**にかけて解説しています。

３種類のいずれかの年金をより賢く受け取るためには，その前段階においてある程度の下地を作っておくことが重要であることから，**序章**には２つの目的があります。１つめは，これまでに医師の年金相談を受けてきた社労士としての見解も交えながら，医師全般に共通する前提条件の理解の手助けをすることです。２つめは，医師の年金に影響を与え得る内容を（**序章**では，まず概括的に）明らかにすることです。よって，**序章**をお読みいただくだけでも，医師の年金に起こりがちなある程度の傾向を把握することができます。

敵やウイルスを知らずに歩き出すほど危険なことはありませんので，まずは**序章**をお読みいただき，その後は先生方がまず気になる章からお読みいただいても問題ありません。

ここで，**各章の構成**を説明します。

第１章では，確認的な意味合いで医師が注視すべき年金の基礎知識を，**第２章と第３章**では，勤務医・開業医からのよくある相談事例をピックアップし，その後の**各章**では，年金制度の枢要部に迫る構成としています。一般的にみても，高報酬者に分類される医師の年金について，誤解が多い部分，重要な部分を**各章**で繰り返し解説していきます。

多くの情報が溢れる現代の社会では，「知っていること」はさほど重要ではなく，「いかに具体的な行動に落とし込めているか」が重要と考えます。ただし，正しい情報（望むべき方向性に結びつく情報）をおさえていなければ具体的な行動にも落とし込みようがありませんし，何より望んでいない方向に進んでいってしまうこともあり得ます。そのため，本書では，まずは間違った出口を塞ぐために，「良かれと思って」やっていた取り組み（**第8章**で大々的に取り上げています）を示し，**各章**でも具体的な事例を題材として配置しています。

また，通常の診療業務と並行しながら正しい情報を峻別し，具体的な行動に落とし込むには相応の時間と労力を要します。よって，本書では，多忙な診療業務のなかでも必要と思われる部分から読めるように，**目次に関連項目番号の一覧（索引検索）**を採用し，かつ，**本文**は**Q＆A方式**で執筆をしました。

幸い，年金制度は「株（インデックス）」と違い，複数のモニターを配置し，日夜画面を注視しておく必要はまったくありません。医師であるがゆえに問題になりやすい論点の把握とそのための対策を講ずることで，後悔を少なくすることは十分に可能です。

自己紹介が遅れましたが，筆者は，都内の医療機関の人事労務部門において約13年間，（病院側・労働者側双方の）労働問題の相談や社会保険に関する相談を担ってきました。対応した医療従事者の数は1,000名を超え，約800名の新規採用者，約600名の退職者にも対応してきたなかで，現在は独立して社労士事務所の代表を務めています。また，独立前後を通して医師からの年金相談対応を数多く受けてきました。

そのなかで感じてきたことは，医師の年金は，一般職（便宜上，「医師以外の職業」という意味で用います）とは分けて考えなければならない点があるということです。また，**制度上の問題**としては，減少してきているとはいえ，日本国内には今もなお1,800万件ほどの未統合の年金記録（いわゆる持ち主不明の年金記録）があるということです。

この背景にはさまざまな要因がありますが，その１つに1997年１月から導入された基礎年金番号制度が挙げられます。旧来，国民年金制度，厚生年金保険制度では，それぞれ別々の番号が付番されていました。その後，基礎年金番号という１人に１つの10桁（４桁＋６桁）の番号が付番されて年金記録を管理することになりましたが，基礎年金番号に統合されていない年金記録が約5,000万件も存在することが明らかになりました。時代背景として紙の台帳で管理されていた時代があり，他にもコンピュータへの記録の際に転記ミスがあった可能性もあります。

医師個人の側の問題としては，どのような可能性が考えられるかというと，代表的な例として，医師の場合は一般職に比べて，明らかに医局人事等による入退職が多いことがあげられます。入退職が多ければ理論上，その分だけ年金の資格取得喪失届も入退職の数だけ発生していなければおかしな話になります（もちろん，なかには社会保険に限っては大学等で加入し続けているケースもありますが）。そこで，「若い頃に勤めていた際の記録が反映されていないのではないか。」という相談を数多く受けてきました。

筆者が経験した事例としては，ねんきん定期便の内容から見つかったケースや年金事務所への年金相談をきっかけに見つかったというケースもあります。ただし，日本国内といえども，同姓同名かつ生年月日も同じという人が自分以外にまったくいないとは言い切れませんので，記録の整備をする（記録をつなげる）には年金事務所に対しても一定の証明が必要になります。これは自分に置き換えると納得できますが，自分の年金記録を他人の記録としてつなげられてしまうことは大問題といえますので，至極当然の話ではあります。よって，まずは過去の入退職時の医療機関等の記録を棚卸することが，賢く年金を受け取る前の１つのポイントになります。

本書では，**各章**ごとの**具体的な事例Ｑ＆Ａ**をもとに，読者である医師の方々の記憶に残してもらう意味でもヒヤリハット事例や失敗事例も交えながら，多角的に解説をしていきますので，本書をフックに医師の方々の年金に対する理解が少しでも明るい方向へと進み，かつ，具体的な行動ベースに落とし込んでいただければ筆者冥利に尽きます。

【注　　記】

執筆時点では，細心の注意を払って，年金額等の記載をしておりますが，将来的に物価・賃金スライド等により，本書を手にとっていただいた時点の年金額とは変動している場合がありますことをご承知おきください。

2023年6月1日

蓑田真吾

目　　次

第2章　勤務医からよくある質問

5　複数就労でおさえておきたいチェックポイント

第4章　医師が注意すべき老齢年金

1　繰り上げ・繰り下げの判断基準

2　医学部生時代の保険料滞納はいつどのように牙をむくのか

第5章　医師が注意すべき遺族年金

第7章　医師が注意すべき離婚時の年金分割

1　年金分割をしないほうがよい場合

2　年金分割をしたようがよい場合

2　繰り下げて75歳から84％増額した年金を受け取る

3　妻のiDeCoの保険料を代わりに払う

4　医学部生時代の保険料滞納分を任意加入で納める

序　章

本章の目的の１つめである医師の年金相談を受けてきた社労士としての見解と前提条件です。冒頭から申し上げにくいことですが，医師に限らず，一般職にも言えることですが，年金制度は非常に複雑な構造になっており，すべてを完全に理解するのは困難であるということです。

年金制度は，まるで「パズル」のような構造になっており，昭和17（1942）年の労働者年金保険法の創設（昭和19（1944）年に厚生年金保険法に改称），昭和36（1961）年の国民年金法の創設，昭和61（1986）年の年金大改正（たとえば，被扶養配偶者が対象となる第３号被保険者の創設など）など，めまぐるしい改正が行われてきました。年金を始めとした社会保険を司る官庁である厚生労働省は，平成13（2001）年の省庁再編により社会保険分野だけでなく労働分野も「守備範囲」になりました。昭和22（1947）年の労働基準法の施行から約70年の時を経て，ようやく時間外労働の上限規制が課された（医師は令和６(2024）年４月から）ことと比較すると，年金分野の改正の多さは目を見張るものがあります。

また，一口に改正といっても，横並びで一斉に改正項目を施行してしまうと必ず不利益を被る国民がいることから，経過措置の導入をはじめとした一定の「不利益緩和措置」が設けられるため，制度がより複雑化している要因になっています。年金制度を「パズル」と表現した背景には，大局的には繋がっているように見えても，実際には繋がっていない部分がある（たとえば，同じ生年月日で職歴もまったく同じ夫婦でも，妻のほうが先に年金受給開始となる場合がある）ことを始め，これらの改正内容の周知はされているものの，理解に落とし込むまでには至っていないのが現状です。

そこで，社労士には，複雑な年金制度をわかりやすく伝えることが求められています。筆者は，これまで医師からの年金相談を受けてきたなかで，率直な見解として，いわば「大器晩成型」という表現が実態に合致しているのではないかと思います。（2つめの目的の項目で後述しますが）医師は，一般職と比べて厚生年金への加入時期が遅くなることが特徴です。いうまでもなく，高度の医学知識および技能を要する医師は，一定期間，集中的に医学知識や手技を学ぶ必要性が高く，わが国の医療水準の確保は，国民の健康確保はもちろんのこと，公益上も必要性が高いといえます。そのため，医学部は6年間の在籍期間が必要となるだけでなく，その後も卒業試験，国家試験の合格を経て，ようやく医籍登録される運びになります。そして，その後は，初期臨床研修医を経て，それぞれの専門科へと進むことになります。しかし，そもそも医学部に入学するためにも相当な時間と労力を要すことは，一般的な認識としても想像に難くありませんので，浪人などの期間も勘案すると厚生年金への加入開始時期はより遅くなるということです。

ここで，「別に厚生年金へ加入できなくても，国民年金へ加入していれば問題ないのではないか。」との声もあります。詳しくは**第4章**で取り上げますが，端的に申し上げますと，**年金制度は2階建て制度**であることと，医学部生時代に**国民年金の保険料を漏れなく納付**できているか（あるいは**学生納付特例**（納付を一定期間免除してもらえる）手続きはできていたか）という点が問題になります。年金制度に限らず多くの社会保険制度は**「申請主義」**といわれ，申請しなければ自動的に年金が振り込まれる（あるいは保険料の納付を免除してもらえる）ということはありません。

医師からの年金相談を通じた筆者の経験則としては，次の5つが将来的に影響しています。

①　医学部生時代の国民年金保険料納付の可否
②　医局人事による入退職の多さ
③　標準報酬月額の上限
④　高報酬者の「宿命」である在職老齢年金（いわゆる年金カット）
⑤　勤務医から開業医への切り替えにあたっての社会保険制度の選択

この①～⑤については，後の**各章**で多角的に**Q＆A方式**で論点を記していきます。

ここでは，**本書の目的の２つめ**として，概括的な視点で解説をしていきます。

(1)　医学部生時代の国民年金保険料納付の可否

端的にいうと，医学部生時代の最たる目的は，卒業と同時に医師免許を取得（医籍登録）することではないかと思います。これは他の学部でも研鑽すべき専門内容が異なるだけで共通する部分ではありますが，この時期に将来の年金受給のことまで意識しているケースは少ないと思います。ただし，他の学部の学生と比較すると医学部生は６年制（薬学部も同様）であるため，この期間に然るべき手続きができていなかった事例を数多く見てきました。幸い，親御様が代わりに保険料を納付していてくれたケースもありましたが，圧倒的に後者は少数派でした。

２階建て制度の１階に位置する国民年金から老後に支給される老齢基礎年金は，いわゆるフルペンション減額方式であり，20歳から60歳の期間の保険料納付（あるいは免除等）の実績に応じて一生涯の年金額が決まります。たとえば，25歳頃まで放置していた場合に，「もう挽回する方法はないのか。」との相談もありましたので，**第１章と第８章**の相談事例Q＆Aでは，選択可能な挽回方法（実際に選択されるか否かはご本人の判断になる）も取り上げています。

(2) 医局人事による入退職の多さ

平成31（2019）年４月１日以降の働き方改革の影響もあり，一般職においても旧来と比べて転職が珍しくなくなってきています。これは，日本の高度経済成長期を支えた三種の神器（終身雇用，年功序列，企業内労組）に対して懐疑的な見解が囁かれ始めていることもありますが，簡単にいえば，コロナ禍により，終身にわたって雇用や年功制賃金が確約されることは現実的に難しいことが浮き彫りになったためと思われます。

医師の場合には，一般職では馴染みのない「医局」に属することが多く，所属する医局の人事によって（短期間でも）派遣先の病院へ赴任することが珍しくないことから，一般職に比べて転職の回数が多いことが大きな特徴です。転職が増えることで，理論上は手続きミスのリスクが増えることになります。年金をはじめとする社会保険制度による手続きミスは，多くの場合に将来の年金額に直結しますので，無視することはできません。

そこで，そのような手続きミスが起こること自体に，「それは医療機関の問題ではないか。」との声もあります。もちろんそのようなケースもありますが，入退職のタイミングによっては，一定期間は医師であるご本人自身が手続きしなければならないケースもあります。

(3) 標準報酬月額の上限

標準報酬月額とは，簡単にいえば「社会保険料額算出のために報酬が○円～○円の間の方は標準報酬月額○円になります。」ということで，保険料の基準となるものです。似て非なるものに雇用保険料がありますが，これは実賃金制という考え方で，月々の給与総支給額（賞与の場合は賞与総支給額）に対して保険料率を乗じて保険料を算出します。社会保険料は，標準報酬月額に対して保険料額が決まっています（健康保険料率は，都道府県ごとに異なります）ので，標準報酬月額が変動しなければ社会保険料も変動しないという構造です。このこと自体は医師に特有の問題ではありませんが，一般的に高報酬層に属する医師の場合には，標準報酬月額の上限に着目しないわけにはいきません。

標準報酬月額の内訳は，**「健康保険」**と**「厚生年金保険」**に分けられます。厚生年金保険の場合は，老後に年金として返す必要があることから，あまりにも上限を高くすると（現役世代が減少傾向であるというわが国が直面している事実を勘案すると尚更）年金財政が苦しくなることは想像に難くありません。他方，健康保険に目を向けると，なかには毎月通院が必要な重篤な持病を抱えている健康保険加入者も皆無ではありませんが，近年目まぐるしい発展を遂げている「医療」にかかる費用とはいえ，一般的に年金（2か月に1回振り込まれる多くの国民の生活費における主たる収入源）のような大きな金額にはなりませんので，健康保険の標準報酬月額のほうが上限は高く設定（加入者の老後に返すという発想もないため）されています。

参考までに，執筆時点（令和5（2023）年5月）の東京都の事業所に適用される標準報酬月額に紐づいた**保険料額表**を掲載します。

表の最も左側に目を移すと，「35（32）等級・標準報酬月額650,000円」以降については，厚生年金の保険料額が頭打ちとなっている反面，健康保険料は「50等級・標準報酬月額1,390,000円」まで上限が設定されています。たとえば，医員から医長に昇格したことに伴い，毎月700,000円の給与（手当等はなし）に昇給したとしましょう。その場合には，昇給月から4か月目に「37等級・標準報酬月額710,000円」となります。健康保険料は上昇しますが，厚生年金の保険料は既に「35（32）等級・標準報酬月額650,000円」以降は上限に達していることから変動していません。もちろん年金額の計算にあたっては，健康保険の等級は関係がありません。

ご相談の際に「社会保険料として増額された保険料を納めたのに，年金が増えないのはおかしい。」との指摘をいただきますが，この**保険料額表の構造**を説明すると納得される先生が多い印象です。この問題は，もはや医師側の問題というよりも，給与明細を拝見すると，（近年は給与や勤怠システムの導入が増えたこともあり少なくなってきましたが）アナログでの給与明細を採用している小規模クリニック等では，控除の欄に単に「社会保険料」と記載されているのみで健康保険料と厚生年金保険料の判別がつかない状態で記載されている

【令和４年３月分（４月納付分）からの健康保険・厚生年金保険の保険料額表】

・健康保険料率：令和４年３月分～　適用　・厚生年金保険料率：平成29年９月分～　適用
・介護保険料率：令和４年３月分～　適用　・子ども・子育て拠出金率：令和２年４月分～　適用

（東京都）　（単位：円）

標準報酬		標準月額			全国健康保険協会管掌健康保険料				厚生年金保険料（厚生年金基金加入員を除く）	
					介護保険第２号被保険者に該当しない場合		介護保険第２号被保険者に該当する場合		一般，坑内員・船員	
					9.81%		11.45%		18.300%※	
等級	月額				全額	折半額	全額	折半額	全額	折半額
		円以上		円未満						
1	58,000		～	63,000	5,689.8	2,844.9	6,641.0	3,320.5		
2	68,000	63,000	～	73,000	6,670.8	3,335.4	7,786.0	3,893.0		
3	78,000	73,000	～	83,000	7,651.8	3,825.9	8,931.0	4,465.5		
33 (30)	590,000	575,000	～	605,000	57,879.0	28,939.5	67,555.0	33,777.5	107,970.00	53,985.00
34 (31)	620,000	605,000	～	635,000	60,822.0	30,411.0	70,990.0	35,495.0	113,460.00	56,730.00
35 (32)	650,000	635,000	～	665,000	63,765.0	31,882.5	74,425.0	37,212.5	118,950.00	59,475.00
36	680,000	665,000	～	695,000	66,708.0	33,354.0	77,860.0	38,930.0		
37	710,000	695,000	～	730,000	69,651.0	34,825.5	81,295.0	40,647.5		
38	750,000	730,000	～	770,000	73,575.0	36,787.5	85,875.0	42,937.5		
39	790,000	770,000	～	810,000	77,499.0	38,749.5	90,455.0	45,227.5		
40	830,000	810,000	～	855,000	81,423.0	40,711.5	95,035.0	47,517.5		
41	880,000	855,000	～	905,000	86,328.0	43,164.0	100,760.0	50,380.0		
42	930,000	905,000	～	955,000	91,233.0	45,616.5	106,485.0	53,242.5		
43	980,000	955,000	～	1,005,000	96,138.0	48,069.0	112,210.0	56,105.0		
44	1,030,000	1,005,000	～	1,055,000	101,043.0	50,521.5	117,935.0	58,967.5		
45	1,090,000	1,055,000	～	1,115,000	106,929.0	53,464.5	124,805.0	62,402.5		
46	1,150,000	1,115,000	～	1,175,000	112,815.0	56,407.5	131,675.0	65,837.5		
47	1,210,000	1,175,000	～	1,235,000	118,701.0	59,350.5	138,545.0	69,272.5		
48	1,270,000	1,235,000	～	1,295,000	124,587.0	62,293.5	145,415.0	72,707.5		
49	1,330,000	1,295,000	～	1,355,000	130,473.0	65,236.5	152,285.0	76,142.5		
50	1,390,000	1,355,000	～		136,359.0	68,179.5	159,155.0	79,577.5		

※厚生年金基金に加入している方の厚生年金保険料率は、基金ごとに定められている免除保険料率（2.4%～5.0%）を控除した率となります。

加入する基金ごとに異なりますので、免除保険料率および厚生年金基金の掛金については、加入する厚生年金基金にお問い合わせください。

◆介護保険第２号被保険者は，40歳から64歳までの方であり，健康保険料率（9.81%）に介護保険料率（1.64%）が加わります。
◆等級欄の（　）内の数字は，厚生年金保険の標準報酬月額等級です。
　4（1）等級の「報酬月額」欄は，厚生年金保険の場合「93,000円未満」と読み替えてください。
　35（32）等級の「報酬月額」欄は，厚生年金保険の場合「635,000円以上」と読み替えてください。
◆令和４年度における全国健康保険協会の任意継続被保険者について，標準報酬月額の上限は，300,000円です。

（出典）協会けんぽ：『健康保険・厚生年金保険の保険料額表』

ことが混乱を招く１つの要因になっています。そうなると，「社会保険料」としては（健康保険料増額が影響して）増額しているわけですから，ご相談者の先生のご指摘は当を得ているといえます。

そこで**第３章**では，プラスαの年金制度（公的年金に付加する意味での私的年金）についても言及します。また，類似の相談事例として，共済組合の加入者（たとえば，私学共済）である医師の年金相談時にお持ちになられた給与明細を拝見すると，控除欄には「短期掛金」，「長期掛金」（または「共済短期」，「共済長期」というケースも）とだけ印字されている給与明細でした。筆者も社労士として独立する前は私学共済へ加入する医療機関での社会保険加入期間があり，かつ，給与計算事務も業務範囲であったことから，「短期」とは健康保険，「長期」とは年金のことを指すと認識していましたが，「これは言ってもらわなければ，我々には分からないよ。」との意見には，納得せざるを得ませんでした。

(4)　高報酬者の「宿命」である在職老齢年金（いわゆる年金カット）

医師は，一般的にも高報酬層に位置付けられ，報道などでもたびたび取り上げられている在職老齢年金の対象になるケースが非常に多いです。医師以外にも高報酬層は存在するわけで，これだけであれば特段に医師だけの問題ではありません。しかし，高報酬層の一般職と医師との相違点として，複数の医療機関で診療業務（外勤先での診療業務）にあたることから，多くの場合は「例外的ですらなく複数の収入源」があります。

平成31（2019）年４月以降の働き方改革の施行により「多様な働き方」が推進され始めてはいますが，一般職にとって副業兼業は（もちろん原則不可から許可制へと緩和した企業も増えてはきましたが），まだまだ多くの企業に浸透しているとは言い難いのが現状です。一方で，医師不足は国民の健康確保と密接に関連する問題であり，医師不足の解消は社会的にも大きな期待が寄せられています。筆者の経験則でも，医師に限り副業兼業を認める（あるいは認めざるを得ない）医療機関は相当数に上ります。

この在職老齢年金については誤解が多く，あくまで年金カットの対象となる報酬は厚生年金保険法３条で規定する「報酬」になります。よって，社会保険に加入していない副業兼業先からの報酬は，カットの対象にはなりません。**本章**では，この点だけを押さえてください。

また，令和４（2022）年４月１日から，65歳未満の在職老齢年金の法改正が行われています。改正の内容は年金受給者にとってプラスの改正ですが，いうまでもなくコロナ禍の最中であったこともあり，医師だけでなく医療従事者全体に対しても十分な周知がいきわたっているとは言い難く，相談をいただいた時点でまったく認識されていなかった相談者も少なくありません。それゆえに，カットの対象でないにもかかわらず，報酬を（労使合意の元で）低く調整していた事例もありました。

参考：　厚生年金保険法（抄）

第３条　この法律において，次の各号に掲げる用語の意義は，それぞれ当該各号に定めるところによる。

三　報酬　賃金，給料，俸給，手当，賞与その他いかなる名称であるかを問わず，労働者が，労働の対償として受ける全てのものをいう。ただし，臨時に受けるもの及び３月を超える期間ごとに受けるものは，この限りでない。

四　賞与　賃金，給料，俸給，手当，賞与その他いかなる名称であるかを問わず，労働者が労働の対償として受ける全てのもののうち，３月を超える期間ごとに受けるものをいう。

(5)　勤務医から開業医への切り替えにあたっての社会保険制度の選択

時代が進むにつれて，「働き方」の選択肢は明らかに増えています。もちろんＡＩによって，なくなる業務もあることは事実でしょうが，医師業務に関してＡＩに切り替わることが予想されるものは，現時点では医師の時間外労働の上限規制に対応するため「タスクシフィング」の対象となる業務よりも更に簡易な業務になると思われます。

医師免許を取得後，初期臨床研修医を経て医学の専門家としての道は，勤務医，開業医，あるいは監察医，研究者などと多数あります。筆者がこれまで年金相談として対応したケースでは，勤務医と開業医の方々から多くの相談をいただき，一定の傾向を把握することができました。初期臨床研修を経ていきなり開業するケース（ご実家がクリニックを営まれており，先代が高齢の医師）もあるでしょうが，まずは勤務医を経て一定の研鑽を積んだ後に独立開業するケースが多いようです。

まず，勤務医時代は，一般的に社会保険（ここで「社会保険」とは，健康保険と厚生年金を総称しています）に加入されていることが多いです。ここでの年金制度においては，１階部分である国民年金ではなく，２階部分の厚生年金を意味しています。ただし，この説明だけでは正確にいうと誤りで，原則として，厚生年金加入者は「同時」に国民年金にも加入しているからです。

このお話をすると，「給与明細上では，国民年金の保険料は引かれている記憶はない。」，「顧問税理士（あるいは社労士）に給与計算を依頼しているが，間違っているのか。」とのご指摘をいただくことがありますが，間違っているわけではありません。簡単にいえば，厚生年金への保険料納付を経て，基礎年金拠出金として国民年金側へ保険料が循環することになっていますので，老後の年金については当該期間も含めて20歳から60歳の間の加入期間分に限っては「国民年金」からも老齢基礎年金として受給が可能です。また，「原則として」の理由として，厚生年金に加入しているにもかかわらず国民年金には加入できていないケースがあります。詳述は**第２章と第３章**に譲りますが，特に医師の方が奥様を扶養されているケースでは，この認識が抜け落ちていると，奥様が不利益を被るケースがあります。

ここまでは，勤務医として押さえておくべき入口となる内容ですが，他方，開業医となられた場合は，いきなり社会保険へ加入するというよりも一旦は医師国保（あるいは国保）と国民年金へ加入することとし，医療法人化したタイミングで国民年金から厚生年金へ切り替える判断をされる方が多いという印象です。独立開業された場合は，次の４つのフェーズが存在します。

①　個人開業で従業員数が５人未満の場合
②　個人開業で従業員数が５人以上の場合
③　個人開業から医療法人になった場合
④　当初から医療法人とする場合

第３章で，この①～④のそれぞれに関する**相談事例Q＆A**を詳述します。

前提として，開業される場合は，クリニック等の屋台骨である医療機器の導入等にむけて相当の費用が発生しているはずです。人命に直結する医療機器となれば数百万円から数千万円に及ぶこともあり，健康保険や年金制度の検討は後回しになっているケースも少なくありません。

老後の年金受給は，現役世代の内容が反映されることになります。もちろん物価変動等により年金額の上下は制度上も起こり得ますが，加入期間や加入していた制度は物価変動とは直接的には関係がありませんので，可能な限り後悔を減らせるような取り組みが望まれます。また，老後だけではなく，万が一にもご本人が障害を負った場合や，ご家族が遺族となった場合も，年金制度は国民の共同連帯によって一定の給付が得られます。開業医となった場合は「一国一城の主」であることから，勤務医と異なり定年がありません。ご自身の健康状態やご家族の状況を勘案し，今後の職業生活について検討していくことになるのでしょうが，就業上の定年が定められている勤務医と違い，その判断に迷われるケースもあります。

そこで年金制度に限定すると，いつから年金を受給し始めるべきか，どのように判断すべきか，複数の選択肢を前に判断に迷われている方が多い印象です。もちろん，前述した「⑷　高報酬者の「宿命」である在職老齢年金（いわゆる年金カット）」で言及した問題も無視できず，かつ，近年の目覚ましい医療の発展の恩恵もあり，平均余命はこれからも延びる可能性が高いと思われますので，「ご自身」の寿命を正確にジャッジすることは医師であっても難しいようです。

老後の年金の受給方法には，次の３通りがあります。

①　通常通り受給開始（執筆時点では原則として65歳）
②　繰り上げ受給（65歳よりも早く受給開始）
③　繰り下げ受給（65歳よりも遅く受給開始）

第４章では，医師の家庭でかつご夫婦がご健在の場合を事例として，具体的な判断基準を詳述しますので，参考にしていただけると幸いです。

最後に，研修医の方からの相談ですが，⑴「このまま年金の保険料を納めるべきか。」，⑵「将来年金制度はまだあるのか。」という言及があり，年金制度に対して明らかに懐疑的な見解を持たれていました。

最初に⑴と⑵に共通する部分として，年金制度は即効性がない制度であるということです。そして，賞与や昇給・昇格と異なり，定期的に実益を実感しづらい制度です。そこで，⑵については，（どのような制度にも共通していえることですが）国民全員が納得のいく制度というのは不可能ですので，そのような期待は持つべきではないでしょうが，制度自体がなくなることはありません。昨今では，ベーシックインカムの議論もされており，（詳細な言及は控えますが）たとえば，民間保険で現在の年金制度と同様の制度を構築しようとすると，現在の保険料ではほぼ不可能といわれています。これは，⑴の相談内容への回答にも含まれますが，物価変動等を加味して年金額の変動（もちろん前年度よりも下がることもありますが）をし，一時金ではなく，「亡くなる月まで」２か月に１度，一定の給付をし続けていく制度の構築は，政府が法律によって「強制加入」として主導する年金制度以外に作りようがないと考えます。筆者の持論として，年金加入記録はこれまでの「人生を映す鏡」と考えています。

余談ですが，昭和20年代（1945～1954年）に生まれた筆者の亡父と母の加入記録を見ると，書面上だけではありますが，現役時代に数多くの判断を迫られ，答えが見えないなかでの選択を繰り返していた経緯が見受けられました。これまでの苦労を多少ながらも感じることができ，改めて感謝の思いが出てきました。

第1章　医師の年金の基礎知識

Q1　医学部生時代に，国民年金の保険料を納付した記憶がありません。これによって，今後どのような問題が起こりますか。

A　65歳から受給開始の老齢基礎年金が，満額で受給できません。

わが国の年金制度は**２階建て年金制度**と呼ばれ，**１階部分には**原則として20歳以上の国民が加入対象となる**国民年金制度**があり，**２階部分には**勤務医（研修医を含む）となった際に加入することになる**厚生年金保険制度**が整備されています。

医学部生時代は勉学が本分であることから，２階部分の厚生年金保険制度に加入しているケースはほとんどなく，（20歳以後に）１階部分である国民年金制度に加入となっています。国民年金制度から65歳以後に支給される老齢基礎年金は**「フルペンション減額方式」**と呼ばれ，20歳から60歳までの480か月の間，１か月の漏れもなく保険料を納付していれば満額支給されることになっています。

【老齢基礎年金の計算式（令和４（2022）年４月分から）】

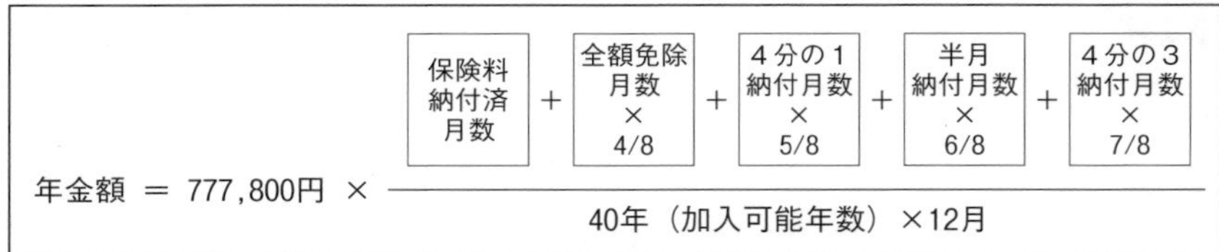

筆者の経験則として，医学部生時代は，65歳からの年金よりも勉学のほうが優先順位としては高く，年金について当時どのようにしていたかを明確に記憶していないケースが多くあります。この点は，毎年の誕生月に送付される**「ねんきん定期便」**や年金事務所での相談で，当時の状況をある程度は把握することができます。親御様が納付してくださっていたというケースや，**Ｑ３等**で取り上げる**「学生納付特例制度」**を申請して保険料の納付を免除してもらっていたケースもあります。

本相談事例の結論としては，仮にまったく納めておらず**「滞納」**となっていた場合には，65歳から受給開始の老齢基礎年金が減額支給されることになります。なお，２階部分である厚生年金保険から支給される老齢厚生年金については，平成15（2003）年４月前後を起点に法改正があった関係で，次のような計算式となっています（従前補償額については割愛）。

【報酬比例部分】

報酬比例部分[※1] ＝ A ＋ B

A：平成15年３月以前の加入期間

平均標準報酬月額[※2] × $\frac{7.125^{※4}}{1,000}$ × 平成15年３月までの加入期間の月数

B：平成15年４月以降の加入期間

平均標準報酬月額[※3] × $\frac{5.481^{※4}}{1,000}$ × 平成15年４月以降の加入期間の月数

※１　共済組合加入期間を有する方の報酬比例部分の年金額については，各共済加入期間の平均報酬月額または平均報酬額と加入期間の月数に応じた額と，その他の加入期間の平均標準報酬月額または平均標準報酬額と加入期間の月数に応じた額をそれぞれ計算します。
※２　平均標準報酬月額とは，平成15年３月以前の加入期間について，計算の基礎となる各月の標準報酬月額の総額を，平成15年３月以前の加入期間で割って得た額です。
※３　平均標準報酬額とは，平成15年４月以降の加入期間について，計算の基礎となる各月の標準報酬月額と標準賞与額の総額を，平成15年４月以降の加入期間で割って得た額です。
※４　昭和21年４月１日以前に生まれた方については，給付乗率が異なります。

これらの計算にあたり，過去の標準報酬月額と標準賞与額には，最近の賃金水準や物価水準で再評価するために「再評価率」を乗じます。

（出典）　日本年金機構：『年金用語集』

老齢厚生年金は，現役世代の給与，賞与額に一定率を乗じ，かつ，加入期間を乗じて算出されます。したがって，満額から滞納期間分を減額していく老齢基礎年金とは，計算式がまったく異なっています。

2　両親とも医師で，ある程度の収入がある家庭で育ち，現在は医学部の学生です。

国民年金保険料の納付を免除してもらえる学生納付特例制度は，親と同居していても制度の活用はできますか。

学生納付特例制度は，本人の所得のみしか問われません。

20歳に到達すると国民年金の被保険者となり，保険料の納付が義務づけられています。ただし，学生については，申請をすることで，在学中の保険料の納付が猶予される**「学生納付特例制度」**（参考：日本年金機構**「国民年金保険料**

学生納付特例申請書」を参照）が設けられています。この制度を活用するには，前年の所得が一定額以下の学生が対象で，家族の所得の多寡は問われません。なお，前年の所得の基準は，次のとおりです。

128万円 ＋ 扶養親族等の数 × 38万円 ＋ 社会保険料控除等

対象となる学生は，医学部に限定されているわけではなく，大学（大学院），短期大学，高等学校，高等専門学校，特別支援学校，専修学校および各種学校，一部の海外大学の日本分校に在学する方で夜間・定時制課程や通信課程の方々も含まれますので，多くの学生が対象になります。また，日本年金機構のホームページには，対象となる学校の一覧が掲載されていますので，そこで確認ができます。**学生納付特例制度を申請するメリット**は，次のとおりです。

(1) 老齢基礎年金の受給資格期間に反映される

保険料を納付しているわけではありませんので，老齢基礎年金の「年金額」は増えません。ただし，**受給資格期間**（平成29（2017）年８月以降は，原則として10年以上の加入で年金の受給資格要件を満たす）**には算入**されます。

(2) 病気や怪我によって障害が残ったときに障害基礎年金の受給の可能性がある

年金は，老後の生活保障以外にも万が一の病気や怪我によって一定の障害を抱えた場合にも，国民の共同連帯によって一定の所得保障があります。その代表的なものが，障害年金です。ただし，持続的な制度とするためには，一定の保険料納付実績が求められます。たとえば，学生時代に自動二輪車の免許を取得し，不幸にも事故に見舞われたとします。診断の結果，障害を背負って一定の障害等級に該当すると認められた場合は，障害年金を受給することができます。なお，障害基礎年金は，大学の講義中やサークル活動中の事故による怪我も対象になります。

したがって，手続きをせずに滞納をしていると，**障害年金の受給権を満たさ**

なくなる原因になります。ただし，学生納付特例制度は，保険料の納付を猶予してもらう制度ですので，「滞納」ではありません。

Q3 学生納付特例制度のメリットは理解できましたが，どこで申請をするのですか。

A 申請は，①市区町村の窓口，②年金事務所，③学生納付特例事務法人のいずれかで可能です。

①の**市区町村窓口**とは，住民登録をしている市区町村窓口になります。たとえば，東京都23区内の方であれば，区役所や区民会館です。ただし，区民会館の場合は，すべての業務に対応していない施設もありますので，事前に学生納付特例の申請に対応しているか否かを確認しておくことが肝要です。②の**年金事務所**では，全国どこの年金事務所に行っても同じサービスが受けられます。③の**学生納付特例事務法人**とは，手続きの簡素化合理化の観点から大学等の教育施設が学生の委託を受け，申請の代行ができる機関のことです。管轄の厚生局等の審査を受け，かつ，指定を受ける必要がありますので，日本年金機構のホームページから指定されている学校か否かを確認します。ご自身が通学する大学が学生納付特例事務法人の指定を受けており，特に相談したいこともない場合は，あえて①と②を選択せずに，③の学生納付特例事務法人で（講義の合間などを利用して）手続きをするのがよいでしょう。なお，年度ごと（４月から翌年３月）に申請書を提出する必要があります。

また，①と②は，郵送による手続きも可能です。必要な添付書類（在学期間がわかる学生証の写し等）を添付し，①の場合は必ず**「住民登録をしている市区町村窓口」**へ郵送するようにしましょう（越境等により住民登録と実際に住んでいる住所が異なっている場合で手続きが漏れていた場合は，注意が必要です）。申請期間は，遡りについては受理された月から２年１か月前まで申請が可能で，将来については年度末まで申請が可能です。

具体例として，令和５（2023）年５月に令和３（2021）年４月から令和６（2024）年３月までの期間を申請する場合は，令和３（2021）年３月以前は時効により申請ができません。すなわち，申請が遅れると万が一事故に巻き込まれて障害を負ったとしても，障害基礎年金を受給できなくなるリスクがあるため，**手続きだけは速やかに済ませておくべき**です。なお，所得の増加や退学（たとえば，薬学部を退学し，浪人期間を経て医学部を目指す）する場合は要件を満たさなくなりますので，取り下げをする必要があります。

（参考）日本年金機構『国民年金保険料 学生納付特例 の申請について』を参照

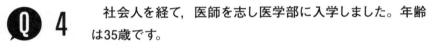

社会人を経て，医師を志し医学部に入学しました。年齢は35歳です。

学生納付特例制度に，年齢制限はありますか。

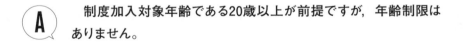

制度加入対象年齢である20歳以上が前提ですが，年齢制限はありません。

本相談事例の方は，35歳で医学部に入学されたとのことです。20歳を超え，国民年金の事実上の年齢上限である60歳以内であるため，加入の対象になります。ただし，学生だからという理由や，必ず申請しなければならないものでもないため，社会人経験を経て入学という経緯を踏まえると，一定の貯蓄があるのであれば，学費の負担も大変ですが，通常どおり納付する選択肢もあります。

学生納付特例は，保険料の納付を猶予してもらえる制度に過ぎず，保険料を納付している期間と同等の期間（年金額が満額から減らされない期間）として扱われるわけではありません。また，学生納付特例制度を受けようとする年度の「前年の」所得が一定以下でなければなりません。よって，専業受験生期間を経て医学部へ入学した場合であれば制度を活用できる可能性はありますが，そうでなければ所得基準を満たさないことがあります。

Q5

国家試験に合格し，２年間の初期臨床研修医として医療機関に採用され，厚生年金保険に加入しました。

学生納付特例制度を受けていた期間分の保険料を支払うことができると聞きましたが，いつまでに支払えばよいのですか。

A

追納ができるのは，申請して承認された月の前10年以内の保険料です。

学生納付特例制度を受けた期間がある場合は，滞納期間ではないものの，保険料を全額全期間納付した場合に比べて，将来受け取る年金額が低額になります。特例期間は，あくまで年金受給に必要な「受給資格期間」として扱われるに過ぎません（「年金額」には反映されない期間）。よって，追納制度（後から保険料を納付できる制度）を活用して，65歳から受給開始となる老齢基礎年金の年金額を増やすことができます。また，納めた保険料は，社会保険料控除として，赴任先の医療機関の年末調整（または確定申告）時に証明書を添付のうえ申請をすることで，所得税や住民税が軽減されますので，年金額が減らない点以外にもメリットがあります。

追納制度は，最寄りの年金事務所で申し込みができます。ただし，（執筆時点では）通常の国民年金保険料納付時のように，クレジットカードでの納付や口座振替ができません。追納ができるのは，承認された月前10年以内の保険料の免除等を受けた期間ですので，早めに提出しておくのが無難です。

また，重要な点として，「３年度目以降」に保険料を追納する場合は，承認を受けた当時の保険料額に経過期間に応じた加算額が上乗せされますので，納付額が高くなります。それを回避する意味でも，「古い期間」分から納めることが原則になっています。

追納すると税金が戻る場合があります。また，年金額が増えます。

◆課税所得金額が約300万円の場合，所得税・住民税が最大約８万円軽減されます。

追納保険料額の
年間合計が

約40万円の場合
（２年分）

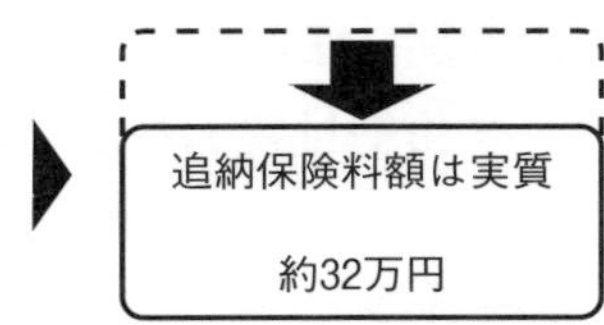

※所得税率10%，復興特別所得税を所得税額の2.1%，住民税を10%として計算

注１　追納保険料は社会保険料控除の対象となりますので確定申告または年末調整の手続きが必要です。
注２　所得等により，軽減されない場合があります。

このほか，生涯にわたり年金額も増えます。
（納付猶予期間なら年約４万円，税額免除期間なら約２万円）

（出典）日本年金機構：『国民年金保険料の追納制度』

ただし，10年以内といっても，老齢基礎年金の受給権者は追納することができません。追納の申し込みにあたっては，最寄りの年金事務所の窓口に**「国民年金保険料追納申込書」**（日本年金機構のホームページを参照）を提出し，後日，専用の納付書が郵送されますので，最寄りの金融機関等で納付することになります。申込書の提出は，ご郵送でも受付可能です。なお，２階部分の厚生年金保険の資格取得手続きは，医療機関側で採用された他の職員と同様に行ってもらえますが，追納の手続きはご自身で進めなければなりません。

Q6 60歳で臨床現場を引退し，今後，働く予定はありません。医学部生時代の保険料や，医師となってからも転職の狭間の数か月は，国民年金保険料の滞納があると思います。いつまでなら，滞納分を支払うことができますか。

A 滞納保険料の納付は，２年前までです。ただし，任意加入制度によって，65歳までは任意に保険料を納付できる制度があります。

医学部や薬学部は６年制ということもあり，国民年金保険料の手続きを仮に学生時代の全期間にわたって失念していた場合は，他の学部よりも滞納期間は長期に及びます。よって，医師（研修医を含む）として労務の提供を開始できるまでには相当の時間を要しますので，厚生年金保険への加入開始も遅くなる（他の職種と比べて加入期間の通算「開始」が遅くなる）こともあります。また，職業柄から転職が多いために，国民年金への加入が必要であるにもかかわらず，一定期間手続きが漏れていたという類似の相談事例は少なくありません。

２階部分の厚生年金保険であれば医療機関側で手続きを行いますが，任意加入制度を始めとした１階部分の国民年金制度の申請については，ご自身で手続きを行う必要があります。保険料については，２年を経過してしまうと時効により納付できなくなります。医学部生時代や転職の狭間に存在したと思われる滞納分は，すでに２年を経過していて，かつ，免除等の申請をしていない場合は**Q5**の追納制度も選択することができませんので，納付する術がありません。

そうなると，「フルペンション減額方式」を採用する老齢基礎年金は，２年を経過した時点で満額の年金を受給できないことになってしまいます。そこで，そのような方でも満額の老齢基礎年金に近づけるための選択肢として**「任意加入制度」**があります。任意加入制度にも条件があり，次のすべての条件を満たす必要があります。

① 日本国内に住所を有する60歳以上65歳未満の方
② 老齢基礎年金の繰り上げ支給を受けていない方
③ 20歳以上60歳未満の方で保険料納付月数が480か月未満の方
④ 厚生年金保険に加入していない方
⑤ 日本国籍を有しない方の場合は在留資格が特定活動（医療滞在）や特定活動（観光等を目的とするロングステイ）で滞在する方ではない
※ 年金の受給資格を有しない場合は65歳以上70歳未満の方も加入できる制度がある。
※ 国外に居住する日本人で20歳以上65歳未満の方も加入が可能。

以上のことをふまえて，高校卒業後に現役で医学部に入学し，医学部２年生在籍時に20歳を迎え，その後，25歳を迎える年に初期臨床研修医として医療機関へ入職した場合を例にあげます。

医学部の２年生に在籍時の20歳到達月（民法上は，誕生日の前日に年齢が加算されることから，10月１日が誕生日の場合は９月以降に国民年金保険料納付義務が生ずる）から初期臨床研修医としての採用月の前月（多くの場合，国家試験合格発表後その翌月である４月入職）まで（学生納付特例制度の申請もせず）に保険料の納付ができていなかった場合は，老齢基礎年金の年金額を基礎づける期間（20歳から60歳）は既にスタートしていますので，480か月を満たしていることは理論上あり得ません。

よって，医学部生時代の期間に相当した保険料を納付することはできませんが，任意加入制度を活用することにより実質的に保険料を「穴埋め」することは可能です。たとえば，１か月分の保険料（16,590円・令和４（2022）年度）を納付した場合は，年額で約1,620円の増額になります。したがって，納めた保険料の「１か月分の元をとる」には，約10年かかる計算になります。そう考えると，いくら医療の発展を契機に平均寿命が延びたとはいえ，メリットは小さいと感じる方も見受けられます。ただし，終身年金（65歳～亡くなる月まで受給できる）という面を考慮すると，平均寿命が延びているだけに無視できないともいえます。なお，主な諸外国の平均寿命を比較すると，日本の平均寿命の長さは特筆すべきです。

国　名	男　性	女　性
日　本	81.47歳	87.57歳
アメリカ合衆国	74.２歳	79.９歳
韓　国	80.５歳	86.５歳
フランス	79.26歳	85.37歳
イギリス	79.04歳	82.86歳

（出典）厚生労働省：『令和３年簡易生命表の概況』

ある程度の貯蓄ができたので，医学部生時代や医師として働き始めた以降に滞納していた保険料を支払いたいと思います。

保険料を1か月分ずつではなく，まとめて支払うこと（たとえば，５年間の滞納があり，まとめて５年分を納付するなど）はできますか。

「任意加入制度」で納付する場合は，最大２年度分までです。

たとえば，令和５（2023）年２月に申し出たとすると，令和６（2024）年３月分までです。（「任意加入制度」については，**Q6**も参照）

通常の国民年金保険料の**納付方法**には，次の３通りがあります。

①　納付書による納付
②　口座振替
③　クレジットカードによる納付

任意加入制度の納付方法については，第一義的には口座振替になります。ただし，早期に480か月に達したいなど特段の事情がある場合は，**「事由該当申出書」**を提出してクレジットカードや納付書での納付も可能になります。他方，追納制度の場合は，任意加入制度とは異なり，理論上，過去の保険料を納めることになりますので，クレジットカードや口座振替での納付は選択できません。よって，納付書（ペイジーも可能）の一択ということになります。

任意加入制度に関する窓口は，市区町村に備え付けられている国民年金担当窓口または年金事務所になります。海外居住者で国内に居住する親族等がいない場合は，最後に住民票があった所在地を管轄する年金事務所になります（日本国内に住所を有したことがない場合は，千代田年金事務所）。そして，任意加入制度を辞めたい場合は，**「資格喪失申出書」**の提出が必要です。

8 わが家は比較的長命な家系のため，任意加入制度を活用して年金を増やしたいと考えています。iDeCo（個人型確定拠出年金）への影響は，まったくないですか。

令和４（2022）年５月以降は，国民年金の任意加入被保険者もiDeCo に継続して加入できるようになっています。

iDeCoは，「誰でも利用できる老後資産形成」として広く認知されています。既に加入者数が290万人を超えている現状を勘案しても，過言ではありません。

相談内容としては，iDeCoに加入中の方が，任意加入制度によって老齢基礎年金も増額を検討しているとのことです。令和４（2022）年５月以降，法改正により旧来60歳までの加入であったiDeCoが，「国民年金被保険者」であればiDeCoも継続して加入できることになっています。すなわち，任意加入被保険者も「国民年金被保険者」であることに何ら変わりはありませんので，対象になります。ただし，iDeCoの老齢給付金を受給した方や既に老齢年金を繰り上げ受給している方の場合は，対象外になります。

これらを踏まえて，60歳以上の方でも国民年金被保険者であればiDeCoに加入できるため，65歳未満で任意加入被保険者である方だけでなく，勤務医として厚生年金に加入する方も国民年金第２号被保険者にあたるため，加入できる範囲内に含まれることになります。いずれの方でも，納付した掛金は所得控除の恩恵が受けられますので，メリットは年金額の増加だけではありません。

また，60歳までは受給ができませんが，他方，最短である60歳から受給するには10年間の**通算加入者等期間**が必要です（10年に満たない場合は，通算加入者等期間に応じて受給開始可能年齢が定められています）。そのため，加入できる期間が60歳までのときには，50代でiDeCoを開始する方の足枷となっていましたが，その点も緩和されたことになります。

通算加入者等期間	＝	加入者期間 （掛金を納付した期間）	＋	運用指図者期間 （掛金を納めず運用のみ行った期間）

また，任意加入被保険者として納付すべき保険料額は，第１号被保険者と同額で，収入に関係なく定額ですが，年度によって若干の変動が生じます（令和４（2022）年度は16,590円）。

他方，iDeCoについては，区分によって掛金限度額が変わります。たとえば，厚生年金（国民年金第２号被保険者）加入者であった医療機関を退職して任意加入被保険者となった場合には，掛金の上限額が上がります。

9　将来受給できる年金額を知りたいのですが，簡易的な計算方法はありますか。

次の算出式を用いて，概算額を求めることができます。

$$老齢基礎年金 = その年の満額 \times \frac{保険料納付月数}{480}$$

老齢厚生年金 ＝ 年収（百万単位）× 5,500円 × 加入年数

計算の際の注意点として，老齢基礎年金は，保険料納付月数だけでなく，免除を受けた期間（たとえば，収入が低く保険料の納付が困難）も一定程度年金額への反映はあります。医師の場合には，納付免除を受けるケースは極めて限定的であることから，上記の算出式は納付月数のみで算出することにしています。

老齢基礎年金は，満額から保険料を納付できていない月分が減額されていく方式であるのに対して，老齢厚生年金は，高い報酬で長く働けば働くほど増額されていく仕組みです。ただし，高報酬層に位置する医師の場合は，特に（年金額に直結する）厚生年金保険の標準報酬月額は健康保険の標準報酬月額よりも上限が手前に設定されていることもあり，青天井に年金額が増えていくわけではありません。

また，勤務医として厚生年金保険の被保険者（70歳以上は被用者）として働く場合は，在職老齢年金による支給停止（いわゆる年金カット）もふまえると，働き方に依存する点は否めません。よって，上記の算出式がまったく使えないわけではなく，たとえば，「あと１年間，今の給与水準で働きながら保険料を納めた場合に，どれくらい老齢厚生年金が増えるのか」という目安としては活用できます。

Q10 概算額ではなく，具体的な年金額を知りたいのですが，どうすればいいですか。

A 年金事務所に事前に予約を取り，年金相談に行くのが最も確実です。

一般的には，自宅の最寄りの年金事務所に行くことが多いと考えられますが，場合によっては勤務場所等の最寄りの年金事務所のほうが都合がよいこともあります。年金事務所は，どこに行っても**全国同じサービス**が受けられます。ただし，年金事務所によっては，予約が相当先まで埋まっていることもありますので，どこの年金事務所に行くにしても**事前予約**が必須です。

年金事務所では，これまでの加入記録をもとに，①通常どおり65歳から受給した場合，②65歳よりも前から受給開始した場合，③65歳よりも遅く受給開始した場合のいずれのパターンでも，年金額の算出が可能です。なお，いわゆる「損益分岐点」（たとえば，③の68歳から繰り下げ請求した場合は，何歳以上まで生きると得をするか）も示してもらえます。他には，この程度の報酬を得てしまうと在職老齢年金によって年金が支給停止になってしまう等の情報も得られますので，最も信頼性が高いだけでなく細かい情報まで得ることができます。受付時間は，多くの場合，月曜日から金曜日の８時30分～17時15分になります。特定の土曜日に開所している場合もありますが，土曜日は比較的早く予約が埋まりやすい傾向にあります。

そして，年金事務所に行くのであれば，年金額の確認だけでなく，併せて記録の整備もしておくことで将来の年金請求時の手続きがスムーズになります。記録の整備とは，たとえば，年金手帳が複数ある場合です。推計で1,800万件程あるといわれる持ち主不明の年金記録に該当している可能性がある場合は，一定の証明をすることで**記録の統合**ができます。相談時にもご自身に該当すると思われる記録の存在自体は開示してもらえますが，統合されていないと思われる年金手帳を示すことで，自身の記録である旨の証明ができます。

Q 11

土曜日にも診療業務があることにより，年金事務所の開所時間帯に相談に行くことができません。

代理の人に行ってもらう場合には，どの範囲までの人に委任が可能ですか。

A　代理の人は，家族や社会保険労務士などが対象範囲です。代理の人に行ってもらう場合には，委任状が必須です。

都合によりご本人が年金事務所に訪問できない場合は，代理人が訪問し，同様のサービスを受けることが可能です。ただし，家族であっても年金の記録上は「他人」であるため，事前に相談者自身が**委任状**を記載し，代理人に渡しておかなければなりません。

委任状の様式は，日本年金機構ホームページからもダウンロードできますが，次の項目を満たしていれば，任意の様式でも差し支えありません。

① 委任年月日（委任状を作成した年月日）
② 代理人の氏名
③ 代理人の住所
④ 本人との関係
⑤ 本人の年金証書などに記載されている基礎年金番号
⑥ 本人の氏名
⑦ 本人の生年月日
⑧ 本人の性別
⑨ 本人の住所
⑩ 本人の電話番号
⑪ 委任する内容（例：年金の見込額や年金の請求，各種再交付手続きについて）
⑫ 年金の「加入期間」や「見込額」などの交付方法（代理人に交付または本人に郵送）

相談の当日は，代理人に対する本人確認も求められます。委任状のみでは（目の前の方が「代理人本人」であるとの確認が取れないため），相談対応に移ることができません。よって，代理者本人の運転免許証やマイナンバーカード等が必要です。万が一にも本人が病気や怪我等の理由で委任状が作成できない場合は，家族が相談する場合と施設職員（たとえば，介護施設）が相談する場合とでは必要な書類が異なりますので，事前に年金事務所に問い合わせをしておくのが無難です（参考：日本年金機構『窓口での年金相談のご案内』を参照）。

Q12　過去に，厚生年金基金に加入していたことや，私学共済の病院に勤めていたことがあります。その分の年金額は，年金事務所で教えてもらえますか。

A　厚生年金基金の分は，概算であれば年金事務所でも把握できています。私学共済（他の共済も含む）の分は，より確実なことはそれぞれの共済へ問い合わせるのがよいでしょう。

「厚生年金基金」とは，いわゆる企業年金の一種であり，企業が単独または共同で設立する公法人のことです。そして，老齢厚生年金の一部を国に代わって支給することや，企業の業績等を勘案して独自に上乗せの給付を行うことによって加入者の老後の保障を手厚くすることを目的に昭和41（1966）年10月から設けられた制度でした。しかし，運用悪化や代行部分の積み立て不足（代行割れ等）が社会的な問題となり，平成26（2014）年４月以後は新たな厚生年金基金の設立は認められないことになっています。なお，既存のものは，同日以後も存続厚生年金基金および存続連合会として存続しています。厚生年金基金へ加入していたことの事実は年金事務所でも把握できていますので，請求漏れを回避する契機にはなります（厚生年金基金への請求は，年金事務所への年金請求手続きとは別に行う必要がある）。

他方，基金とは別の本体部分（正式名称ではないが，便宜上，本体部分とする）については，2015（平成27）年10月よりも前はそれぞれに請求手続きが必要でしたが，10月以後からの年金一元化により，民間と私学共済や国家公務員共済のそれぞれに加入期間がある場合でも，いずれかの窓口に請求すれば自動的に同時に請求したことになりますので，それぞれ（ご相談の場合は，年金事務所と私学共済）に提出をする必要はありません。ただし，年金事務所では，共済部分の「具体的かつ詳細な年金額」については，私学共済へ問い合わせることになる場合もあります。

Q 13 ねんきん定期便は，いつ，どんな人に届きますか。以前に勤務医をしていた時には毎年届いていたと思いますが，最近は届かないような気がします。

A 送付の対象者は，国民年金，厚生年金の現役被保険者です。毎年の誕生月に届きます。

ねんきん定期便が届いていない場合には，次の３つの原因が考えられます。

(1) 住民登録地と異なる住所に居住している

特に勤務医の場合には，このケースに該当していることが最も多いです。

医局人事等によって転居を兼ねた異動が多い勤務医の場合は，住民登録地と異なる住所に居住している（または送付される月にたまたま手続きが終わっていなかった）ケースは少なくありません。現在はマイナンバーの普及により年金事務所と行政の間の情報連携により，たとえば厚生年金資格取得後の手続きも円滑かつ確実に進められるようになりましたが，そもそも赴任先の居住地で住民登録自体ができていないと年金機構としても把握することが困難になりますので，ねんきん定期便が届かないといった事態が予想されます。

⑵　現役被保険者ではない

ねんきん定期便は，作成時点において**年金制度の被保険者が送付の対象者**です。よって，既に年金受給者や受給開始を待っている人には，そもそも送付されません。

現役としての期間が長い（ことが期待される）医師の場合は，あまり多いケースではありませんが，「被保険者でない」場合でも61歳の時にねんきん定期便が届くことがあります。たとえば，前回の記録が59歳８か月までの記録しか記載されていなかった場合は，59歳９か月から59歳11か月までの記録が記載されていないため，61歳の誕生月に送付されることがあります。

⑶　加入記録そのものがない

平成９（1997）年１月以降は基礎年金番号が導入されていますが，何らかの事情（たとえば，長期間海外に赴任していたなどが想定される）で**公的年金制度に未加入**のままであり基礎年金番号が未登録という場合には，届かないことが考えられます。この場合は，早々に年金事務所に相談することが肝要です。

Q 14　ねんきん定期便が送られてきていますが，なかなか見る時間がとれません。
簡単に見るべきポイントを知りたいので，どこをチェックすればいいですか。

A　節目年齢以外の年は，異動があった年の保険料の納付状況に漏れがないかをチェックしましょう。

ねんきん定期便には，**「節目年齢」（35歳・45歳・59歳）**と呼ばれる年齢があります。この時には**「封書」**が送付されますが，通常（節目年齢ではない年）は葉書が送付されます。

節目の年齢に送られてくるねんきん定期便は，次の内容です。

① 年金加入期間
② 年金見込額（59歳の方は年金見込み額，35歳・45歳の方は加入実績に応じた年金額）
③ 過去の保険料納付額
④ 年金加入履歴
⑤ 厚生年金の過去の標準報酬月額，標準賞与額
⑥ 国民年金の月ごとの保険料の納付状況の内訳

節目の年齢以外の方に送られてくる内容としては，上記の①と③については都度に記録が更新されますが，⑤と⑥については直近１年分のみの情報になります。

②については，「50歳未満の方」のねんきん定期便は，これまでの加入実績に応じた年金額になります。つまり，65歳から受給開始となる年金の見込額ではないということです。もちろん，今後も厚生年金や国民年金に加入して保険料を納付し続けていくことで年金額は増えていきます。

「50歳以上の方」の②は，受給資格期間を満たしていることが前提で，また，「60歳未満の方」は，現在加入している年金制度に60歳まで加入し続けた場合の65歳からの年金見込み額になります。

これらをふまえて，医師の場合はどこを重点的にチェックすべきかというと，特に異動があった前後の保険料の納付実績（たとえば，一時的に「国民年金」に加入しなければならなかった場合は，ご自身で手続きをする必要があるため要注意）です。これは，節目の年齢ではない年でも直近１年間は記載があるため，確認が可能です。

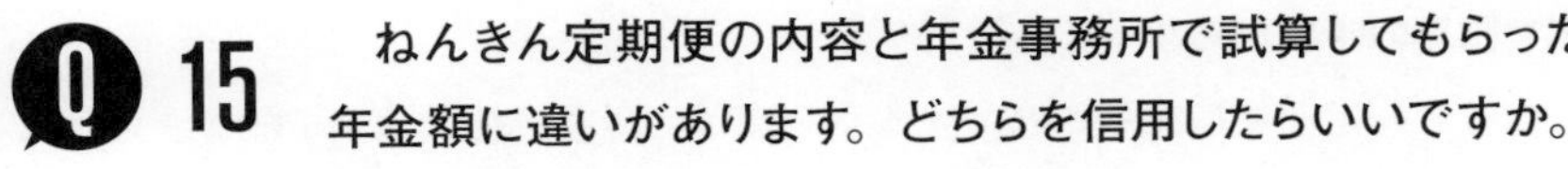

Q 15　ねんきん定期便の内容と年金事務所で試算してもらった年金額に違いがあります。どちらを信用したらいいですか。

A　**筆者の経験則としては，異なる要因として，次の３つが考えられます。**

① 賞与が突発的に発生している
② 試算の時期が異なっている
③ 試算した年度が異なっている

前提として，見込み額の算出ができるのは，50歳以上の方になります。ねんきん定期便と年金事務所の試算の双方で相違点が出ることがあります。

⑴　賞与が突発的に発生している

ねんきん定期便では，作成時点の直近１年前に支給された賞与総額が60歳まで毎年支給されたと仮定して年金額を試算しています。他方，年金事務所では，賞与を含めずに試算することも，（将来支払われる可能性のある賞与額を）含めて試算することもできます。よって，この部分に差異が出ている可能性があります。また，**突発的に発生した賞与**も，年金事務所では事業主から提出される賞与支払報告を契機に記録が反映される点も考え合わせると，過去に送付されたねんきん定期便と違いが出ることが考えられます。

なお，年金額が賞与に反映されるようになったのは，平成15（2003）年４月以降です。賞与は，ねんきん定期便には**「標準賞与額」**として記載されます。標準賞与額とは，賞与の支給額の1,000円未満を切り捨てた額で，１回当たりの上限額は150万円です。また，年３回以内の賞与が標準賞与額の算定対象であり，年４回以上になると標準報酬月額の対象になります。

⑵ 試算の時期が異なっている

ねんきん定期便に記載されている年金額は，現在の加入状況で60歳まで加入したことを前提として算出されています。他方，年金事務所では，相談者（代理人を含む）の指定（たとえば，早期退職した）によって試算ができますので，違いが出る場合があります。

⑶ 試算した年度が異なっている

厚生年金では，**再評価率**（老齢厚生年金は，過去の平均標準報酬月額を現在価値に置き換えたもの）が年度によって変動するため，試算した年度が異なっている場合には，ねんきん定期便と年金事務所で算出した見込額で違いが出ることが考えられます。

Q 16

50歳を機に，勤務医から開業医になりました。

年金には漏れなく加入しているのに，ねんきん定期便の年金額が明らかに減っていて納得できません。なぜこのようになるのですか。

A

厚生年金の資格喪失をして，国民年金に加入したことが影響していると考えられます。

ねんきん定期便の年金見込額は，作成時点の加入状況が60歳まで継続することを前提に作成されています。今回，勤務医から開業医になられたとのことですから，勤務医時代は厚生年金保険に加入されていたと推察されます。そして（開業当初から医療法人を設立するということもありますが）開業後は，国民年金に加入されたものと思われます。当初から医療法人であれば，選択の余地がなく厚生年金保険への加入義務が生じます。

たとえば，個人クリニックを開業した場合は，代表者である医師は国民年金へ加入することになります。よって，厚生年金への加入期間が向こう10年続くことを前提にしたねんきん定期便と，国民年金へ向こう10年加入することを前提にしたねんきん定期便では，見込み額に大きく影響します。もちろん勤務医時代の報酬額にもよりますが，老齢厚生年金額だけでも年額30万円近くの減額になる場合もあります。

その**緩和策**として，国民年金基金やiDeCoへの加入（**Q8**）を検討することも考えられます。国民年金基金とは，老後の年金額が低額になりがちな国民年金第１号被保険者だけが加入できる国民年金に上乗せできる公的年金制度です。

Q 17　これまで民間の病院や国家公務員共済の病院で勤務してきました。厚生年金もそれぞれ別扱いになるのですか。

A　厚生年金の種類としては，４種類があります。制度的な違いは，概ね解消されています。

共済組合には，次の３種類があります。

① 国家公務員共済組合
② 地方公務員共済組合
③ 日本私立学校振興・共済事業団

平成27（2015）年10月の「年金一元化」前までは，それぞれ給付を行っていました。しかし，平成27（2015）年10月以後は制度的な違いは解消され，厚生年金に揃えることになっています。ただし，効率的事務処理の観点から，共済組合加入員の記録の管理，標準賞与額の決定および改定，保険料の徴収等は引き続き各共済組合等で行われています（参考：国家公務員共済組合連合会『公的年金制度のあらまし』を参照)。

Q 18 老後の年金請求の手続きについても，それぞれ行わなければならないのですか。

A いずれかの窓口に請求すれば，自動的に同時に請求をしたことになりますので，別々に請求手続きをする必要はありません。

概ね受給開始年齢に到達する３か月前に，日本年金機構または共済組合から年金請求書が送付されてきます。

その後の請求については，ワンストップサービスとして情報が共有されていますので，年金事務所または共済組合のどちらの窓口でも受付されます。また，相談についても，それぞれの窓口で可能です。ただし，年金額の決定や支払いについては，これまでどおり日本年金機構または共済組合のそれぞれが行います。

Q 19 共済組合と日本年金機構の厚生年金では，どのような差がありますか。

A 共済組合の年金には，年金払い退職給付（旧職域加算）があります。

一元化を契機に廃止された「職域部分」とされた年金は，2015（平成27）年10月以降，**「年金払い退職給付」**として創設されています。これは一元化に伴い新たに創設された**「３階部分」の年金**になります。主な概要としては，次の３点です。

○　半分は有期年金，半分は終身年金（65歳から支給（60歳から繰り上げ請求も可能））
○　有期年金は10年または20年支給を選択（一時金の選択も可能）
○　本人死亡の場合，終身年金部分は終了し，有期年金の残余部分は遺族に一時金として支給

公務員は，原則として雇用保険制度に加入できず（雇用保険法６条４号（適用除外）），支給される給与に代替的な給付が設けられている点は否めません。よって，これらの点を考え合わせると，日本年金機構と共済組合で支給する年金は，まったく同じではありません。

Q20　民間の病院だけでなく，私学共済や国家公務員共済の「医療機関」を行き来している医師にとっては，制度上の得失は生じていますか。

A　「損」が大きなものとしては，「44年特例」が通算されない点があります。

「44年特例」とは，**「44年以上」厚生年金に加入する**ことで，65歳よりも前に支給される**特別支給の老齢厚生年金**の支給時に，「報酬比例部分」と併せて（定額部分の受給開始年齢到達前であっても）定額部分を受給できる特例的な制度です。ただし，この「44年以上」とは，４つの種別が存在する厚生年金保険制度では，同一種別（たとえば，私学共済なら私学共済のみ）で44年以上でなければなりません。

そもそも勤務医の場合は，特に医局人事等による異動によって私学共済のみ（あるいは民間病院のみ）で44年というケースはほぼありません。また，理論上，65歳になる前に44年以上の加入実績が積み上がっていなければなりませんので，

「６年制」の医学部を経た後に厚生年金保険に加入する時点で，理論上該当するケースはほぼありません。デメリットとしては，極めて限定的です。

他方，65歳よりも前に支給される**特別支給の老齢厚生年金**を受給するには，12か月以上の厚生年金保険への加入実績が必要です。この**「12か月以上」**には，種別が異なる厚生年金保険期間でも合算されます（たとえば，日本年金機構＋私学共済)。また，**「加給年金の期間要件」**として，240月要件があり，この部分も合算して判断されます。

具体的には，240月以上の厚生年金保険加入期間があり，請求者が65歳時点で生計を維持する65歳未満の配偶者や18歳未満の子を有する場合は（生計維持の要件として，年収850万円未満または所得が655万5,000円未満)，「加給年金」(「年金版の扶養手当」のようなもの。参考：日本年金機構『加給年金額と振替加算』を参照）として給付が行われます。年齢的には，要件を満たしていても夫婦で医師という場合は，生計維持要件を満たしておらず対象外というケースも少なくありません。なお，**加給年金**は，２階部分である厚生年金保険制度に設けられた制度であり，１階部分である国民年金（老齢年金）にはない制度です。

第2章　勤務医からよくある質問

Q 21

入職後は，保険医関係の手続きだけでなく，社会保険関係の手続きも医療機関の事務方が行うので，勤務医としては何も気を付けようがありません。

具体的に，何に気をつければいいですか。体調がすぐれない場合には，薬の処方などは院内で処方してもらっています。

A

「健康保険・厚生年金保険資格取得確認および標準報酬月額決定通知書」（以下，公文書とする）の内容を確認しましょう。

本相談事例は，社会保険のなかでも「厚生年金」ではなく「健康保険」寄りの内容です。

市区町村からの情報連携により，年金事務所も住民票の記録等を把握することができるようになっています。社会保険申請後の公文書に記載されている「氏名漢字，生年月日，性別」の３点が誤った状態のままで手続きされてしまうことは減ってきましたが，「資格取得年月日」（一般的には，入職年月日）は，住民票の記録等からは判別のしようがありません。

たとえば，前職の医療機関を12月31日付で退職となり，医局人事により１月１日付で新たな赴任先の医療機関へ入職したとしましょう。多くの場合には，医療機関は１月１日から３日は年末年始の休日となり，１月４日に辞令を受けて仕事始めというケースが多いと思われます。ただし，医師の場合は，辞令を受ける前に（人員が充足している医療機関を除き）赴任先の宿日直に入るというケースも少なくありません。

筆者が相談を受けたこの事例では，資格取得年月日が「１月４日」（もちろん手元にある健康保険の被保険者証も同日）とされていました。推察するに，１月４日が「仕事始め」であるために，そのような申請がされたものと思われます。労働契約の締結は「１月１日付」であり，その月の１日から３日は暦の上で就労義務がなかっただけですので，「１月１日」付で資格取得をしなければなりません。

そして，たまたま１月３日の日直時間帯に他の宿日直当番医より薬の処方を受けていましたが，その日は「無保険状態」であることから，健康保険の被保険者証を使うことができませんでした。薬の処方を受けた時点では，「追って保険証を確認させてもらいます。」ということで請求事務の方との話はまとまりましたが，届いた保険証を請求事務の窓口に持って行った段階で問題が発覚しました。

この場合には，資格取得年月日の訂正は可能です。ただし，レセプト請求事務の関係で一旦は診療費等の全額支払いが必要となり，その後，療養費の請求（真正な保険証が手元になかったため，一時的に診療費等の全額支払いを余儀なくされたことによる精算手続き）によって精算することは可能です。特に社会保険事務が電子申請で行われている場合は，一般的には健康保険の被保険者証よりも公文書のほうが先に届きますので，早めの確認が有用です。なお，仮に労働契約が「１月４日」からという内容で締結していた（労使合意があれば，そのこと自体は何ら問題ありません）場合は，注意すべき点が２つあります。

① 1月1日～3日は，別途国民健康保険に加入しておかなければ無保険状態となる。

元日早々に病院を受診し，国保の保険証を使ったとしましょう。そして，1月4日から社会保険に切り替わったとしても，原則として国保の保険料は発生しません。

理由としては，「月末」に加入しているのは，国保ではなく社会保険であるためです。これは逆のパターンも同じです。

② 1月1日～3日は，別途国民年金に加入する必要はない。

年金制度においては，「月末」に加入していた制度に対して保険料の納付義務が生じますので，本相談事例の内容では，国民年金への納付義務は生じません。

医師の場合は，宿日直の実績は翌月の給与に反映することが多いため，事務方が把握できるまでに一定の時間差が生じることから，誤った資格取得日で手続きされているケースがあることを念頭に入れておくことが有用です（これは医師本人というよりも，事務方の問題です)。資格取得日の考え方は医師特有の問題ではありませんが，一般職では辞令を受ける前に勤務が始まることはほぼあり得ませんので，このような事例は医師特有の問題と思われます。さらに，その日に被保険者証を使用していた場合は，問題が生じます。

Q22 本業先の病院と外勤先の病院を掛け持ちしています。どちらからもそれなりの報酬を得ていますが，この場合には，社会保険はどのようになりますか。

A 医師で最も多いパターンです。原則は，本業先の病院で加入します。

平成28（2016）年10月１日以降，**「社会保険の適用拡大」**が始まっています。これは，社会保険への加入対象者を広げるという視点での施策です。順を追って解説します。

フリーランスなどの雇用契約にない方の場合は，社会保険の適用はおろか，制度上は労働法の適用もありません。雇用契約にある「労働者」の場合には，「労働時間」によって社会保険の対象か否かを判断します。正社員として勤務する場合は，いうまでもなく社会保険は加入対象になります。医師については，医療法上の常勤医師にあたる**「32時間ルール」**のほか，**「研究日」**として週に１日程度の勤務を免除しており，他の正社員（たとえば，看護師）よりも所定労働時間が短いケースもあります（「研究日」を労働時間として含めている医療機関もあります）。正社員よりも所定労働時間（本来働くべき時間）が**短い労働者の社会保険加入の判断基準**は，正社員の４分の３以上働く場合です。厳密には，次のポイントのいずれもを満たしている場合が，加入対象者になります。

① １週間の所定労働時間が正社員の４分の３以上
② １か月の所定労働日数が正社員の４分の３以上

正社員の所定労働時間が週40時間であり，月に20日勤務の医療機関とすると，医師の労働条件が週に32時間で，かつ，月に16日勤務のときは，社会保険の加入対象者になります。冒頭に示した平成28（2016）年10月１日以降の社会保険の適用拡大では，次の５つの要件をすべて満たすと，**社会保険の加入対象者**になります。

① 週の所定労働時間が20時間以上であること
② 賃金の月額88,000円以上であること
③ 雇用期間が２か月を超える見込みであること
④ 学生でないこと
⑤ 被保険者の総数が101人以上（令和６（2024）年10月から51人以上）

医師の場合は，②と④は当然にクリアしており，手術の応援という場合を除き，定期的に週に３日程度丸１日外来診療で外勤先の医療機関に行くという場合に限っては，①の要件を満たすこともあり得ます。ただし，①と③の両方の要件を満たすことは，本業先での診療業務もあることから，極めて特殊な事例と思われます。よって，適用が拡大されたとしても，両方の医療機関で加入しなければならなくなるケースは，そこまで増えないのではないかと思われます。

医療法人等の「役員」の場合には，労働時間の概念がありませんので，注意が必要です。仮に両方の医療機関で社会保険に加入することになった場合は，主たる事業場を選択する**「健康保険・厚生年金保険　被保険者所属選択・二事業所勤務届」**を提出する必要があります。被保険者証を２枚持つことはできませんので，どちらの事業場が「主」であるかを医師本人が選択することになります。注意点としては，後から加入することになった事業場を選択する場合は，これまで使用していた被保険者証は（番号が変わることから）返却しなければなりませんので，受診中の場合は注意が必要です。また，保険料は按分計算されますので，手続きが遅れた場合は，給与明細上，遡及して保険料の調整が行われる場合があります。

【適用要件早見表】

対　象	平成28年10月～ 令和４年９月末日	令和４年10月～ （現行）	令和６年10月～ （改正）
特定適用事業所	被保険者の総数が常時500人超	被保険者の総数が常時100人超	被保険者の総数が常時50人超
短時間労働者	１週の所定労働時間が20時間以上	変更なし	変更なし
	月額88,000円以上	変更なし	変更なし
	継続して１年以上使用される見込み	継続して２か月を超えて使用される見込み	変更なし
	学生でないこと	変更なし	変更なし

（出典）日本年金機構：『短時間労働者に対する健康保険・厚生年金保険の適用拡大のご案内』

当院では，50歳以上の医師は宿日直が免除されて，給与が下がっています。

社会保険料は毎年９月に変更されるようですが，９月を待たなければならないのですか。

固定的賃金に変動があり，標準報酬月額が２等級以上変動する場合には，９月を待たずに改定が可能です。

これは，**「算定基礎届」**といい，通常は毎年４～６月の給与額を合計し，９月から翌年８月までの標準報酬月額が決定します。社会保険料は，雇用保険料と異なり標準報酬月額によって保険料額が決まっていますので，次の点に該当する場合を除き，保険料額に変動はありません。

① 健康保険料率が変更されたとき
② 40歳に到達したとき
③ 65歳に到達したとき
④ 70歳に到達したとき
⑤ 75歳に到達したとき

(1) 健康保険料率が変更されたとき

多くの中小企業が加入する**協会けんぽ**は，毎年３月分から健康保険料率の改定を行います。給与明細上では，多くの場合，４月支給時の給与から改正後の健康保険料率にて保険料が天引きされます。

前提として，**健康保険料率**が異なります（参考：協会けんぽ『令和４年度当道府県単位保険料率』を参照）。都道府県ごとに必要な医療費の支出は異なるため，（もちろん限界はありますが）疾病の予防等により医療費が下がれば，その都道府県の健康保険料率は下がります。逆に医療費が上がれば，その都道府県の健康保険料率は上がる仕組みになっています。

勤務医の方から寄せられた相談では，「医局人事により，１月に東京都から神奈川県の病院へ異動になりました。標準報酬月額は異動前後を通してまったく同じであるにもかかわらず，なぜか健康保険料が上がっています。これはどういうことですか。」との内容です。令和４年度の表を見ると，（令和４（2022）年度時点では）東京都の9.81％に対して神奈川県は9.85％となっていますので，健康保険料率は神奈川県のほうが高いことになります。

他方，本書の本題である厚生年金保険料については，私学共済を除き法律によって，18.3％の上限に達している（私学共済は，令和９（2027）年に18.3％に統一）ことから，法改正がない限り変動はありません（参考：日本年金機構『厚生年金保険料額表』を参照）。

⑵　40歳に到達したとき

前提として，上記の②～⑤は，医師に起こりがちな問題というわけではありません。本相談事例の医師は，50歳到達を機にした相談でしたが，40歳到達時の保険料額の改定についても解説します。

40歳は，**介護保険の被保険者になる年齢**です。介護保険は，次の２種類に区分されます（参考：厚生労働省『介護保険制度について』を参照)。

> ①　第２号被保険者：40歳以上65歳未満の医療保険加入者
> ②　第１号被保険者：65歳以上

すなわち，40歳に到達した日以降に属する月から介護保険料が徴収されます。協会けんぽの場合の介護保険料率は，次のとおり全国一律になっています。

> 【一般被保険者】
> 令和４年３月分（５月２日納付期限分）から　1.64%
> 令和３年３月分（４月30日納付期限分）から　1.80%
> 令和２年３月分（４月30日納付期限分）から　1.79%
>
> 【任意継続被保険者，日雇特例被保険者】
> 令和４年４月分から　1.64%
> 令和３年４月分から　1.80%
> 令和２年４月分から　1.79%
>
> 40歳から64歳までの介護保険第２号被保険者に該当する方の協会けんぽの健康保険料率は，医療にかかる保険料率にこの介護保険料率を加えたものになります。
>
> 介護保険に必要な資料は，40歳以上の方に納めていただく介護保険料で賄うこととされ，その費用は年度ごとに決められることになっています。そのため，介護保険料についても毎年度見直しを行うこととなっています。

（出典）協会けんぽ『協会健保の介護保険料率について』を一部加工

なお，**「40歳に到達した日」**とは，民法上の考えにより**「誕生日の前日」**になります。具体的には，４月１日が誕生日の場合は３月31日に40歳に到達するため，３月分（多くの場合，４月支給時の給与）から介護保険料が徴収されることになります。実務上は健康保険と併せて徴収されますが，給与明細上は分けて徴収している場合もあります。

⑶　65歳に到達したとき

65歳に達すると**介護保険の第１号被保険者**となり，介護保険料は住民票のある市区町村から徴収されるように「変更」されます。前述の「⑵　40歳に到達したとき」の事例を用いて解説すると，４月１日生まれの方が65歳に到達する場合は，介護保険第２号被保険者の資格喪失日が３月31日になります。よって，誕生日の前日が属する月である３月分から給与明細上では介護保険料は徴収されなくなります。この場合は，給与明細上では社会保険料が下がったと感じるでしょうが，単に徴収元が市区町村に変更されたに過ぎません。

具体的には，老齢等を支給事由とする年金受給者で，かつ，年間の受給額が18万円以上の場合は，年金から徴収されるようになります。医師の場合は，特殊なケースを除いて年間の年金受給額が18万円を下回るケースはほぼありませんので，「65歳以降は年金から介護保険料を徴収される。」との認識で問題ありません。

⑷　70歳に到達したとき

70歳に達すると，**厚生年金保険の資格を喪失**します。70歳以降も継続して診療業務のために正社員と同等程度の労働時間で働いているとしても資格喪失になります。ただし，老後の年金の受給資格を有しない場合は，**「高齢任意加入被保険者」**ということで任意に厚生年金保険の被保険者になることができます。

予備知識として，厚生年金保険の被保険者には，旧法当時は年齢制限がありませんでした。その後の昭和60（1985）年の法改正により65歳喪失となり，平成14（2002）年改正から70歳資格喪失になりましたので，**高齢任意加入被保険者は70歳以上**ということになります。なお，厚生年金保険料の保険料徴収の仕組み*は介護保険料と同様ですが，資格喪失後は保険料の徴収はありません。

＊　４月１日生まれの方が70歳に到達する場合は，厚生年金保険の資格喪失日が３月31日となり，誕生日の前日が属する月である３月分から，給与明細上では厚生年金保険料が徴収されなくなります。

⑸　75歳に到達したとき

75歳に達すると，**健康保険の資格を喪失**します。75歳以後は，**後期高齢者医療制度**に移行します。後期高齢者医療保険料は，老齢等を支給事由とする年金受給者で，かつ，年間の受給額が18万円以上の場合の年金から徴収されるようになります。医師の場合は，特殊なケースを除いて年間の年金受給額が18万円を下回るケースはほとんどありませんので，「75歳以降は年金から後期高齢者医療保険料が徴収される」との認識で問題ありません。

一般職の場合には，60歳定年後の65歳までの継続雇用（再雇用）後は，年金生活に入ることが多い印象があります（令和３（2021）年４月施行の改正高年齢者雇用安定法により，70歳までの継続雇用努力義務化の改正はありましたが)。しかし，医師の場合は，採用困難な最たる職種であることから，70歳を超えても診療業務に携わっているケースが多いため，上記の①～⑤（45ページを参照）の保険料徴収の切り替えのタイミングは押さえておくべきです。なお，退職や社会保険資格喪失後に，**「任意継続被保険者」**となる場合は，保険料徴収のタイミングはこの限りではありません。

前段の解説が長くなりましたが，上記の①～⑤の場合を除き，**「固定的賃金」に変動**があり**「標準報酬月額が２等級以上」変動**する場合は，９月を待たずに**「月額改定」**ということでの改定が可能です。

要約すると，固定的賃金とは，基本給や扶養手当等，毎月一定の同額報酬として支払われるものです。非固定的賃金とは，残業手当や宿日直手当等，稼働状況に応じて金額が変動する手当です。よって，単に残業代が減った，あるいは宿日直に入る回数が減ったために，非固定的賃金が急激に下がったという場合は固定的賃金にあたらないため，月額改定の対象にはなりません。他方，昇給や降給，給与体系の変更，基礎単価の変更は，固定的賃金の変更にあたるとされています。また，月額改定として届け出をするにあたっては，固定的賃金と非固定的賃金も合算して届出を行います。よって，固定的賃金は下がったものの非固定的賃金が上がった（たとえば，残業手当が増えた）という場合は，結果的に２等級以上の変動にはあたらず，月額改定の対象にならないケースがあります。

本相談事例では，「50歳以上の医師は宿日直が免除されるようになることと，コロナ関連の手当の支給が終わり給与が下がっている。」とのことですから，宿日直手当は仮に稼働状況に応じて支給額が上下する場合には非固定的賃金と考えられ，コロナ関連手当は稼働状況にかかわらず毎月定額が支給される場合には固定的賃金と考えられます。この事例の場合は，固定的賃金も非固定的賃金も下がる可能性が高く，月額改定の対象になる可能性が高いです。

なお，コロナ関連手当の都度支給額が（たとえば，コロナ患者対応実績に応じて）変動する場合は，残業手当同様に非固定的賃金と判断される可能性があります。実務上，月額改定の開始月は賃金が変動した月から４か月目となります。具体的には，４月からの手当が少なくなった場合は，４～６月の給与額を合算して平均額を求め，７月から改定されることになります。よって，この場合は，算定基礎よりも早いタイミングで実態にあった等級へ改正されることになります。

また，一般的に高報酬層にあたる医師の場合は，既に厚生年金の等級が上限に達しているケースもあります。その場合には，月額改定に該当したとしても，結果的に厚生年金保険料は変動なしという場合もあり，副次的に年金額には影響がないことも想定されます。**月額改定に該当するか否か**は，次表を元にご確認ください。

【月額改定の前提条件】

○　固定的賃金の変動や給与体系に変動があること

○　標準報酬月額に２等級以上の変動があること

○　３か月の給与支払基礎日数がすべて17日以上であること

① 固定的賃金↑，非固定的賃金↑，２等級以上の変動（上方修正）　月額改定に該当
② 固定的賃金↑，非固定的賃金↓，２等級以上の変動（上方修正）　月額改定に該当
③ 固定的賃金↑，非固定的賃金↓，２等級以上の変動（下方修正）　月額改定に非該当
④ 固定的賃金↓，非固定的賃金↓，２等級以上の変動（下方修正）　月額改定に該当
⑤ 固定的賃金↓，非固定的賃金↑，２等級以上の変動（下方修正）　月額改定に該当
⑥ 固定的賃金↓，非固定的賃金↑，２等級以上の変動（上方修正）　月額改定に非該当

【よくある月額改定非該当事例】

○　結果として横ばいや１等級しか変動がなかった

○　固定的賃金は下がったが非固定的賃金が上がっており，総額ではもはや上方修正となった

○　給与の支払い基礎日数が17日に達していない月があった

算定基礎以外での年の途中での標準報酬月額の改定は，月額改定のほかに次の２つの制度（いずれも育児関連）があり，これらを届け出るか否かは**「任意」**となります。ただし，通常の月額改定に該当した場合は，強制的に届出の対象になります。

○　産前産後休業終了時報酬月額変更届

○　育児休業等終了時報酬月額変更届

Q 24 初期臨床研修医として赴任した医療機関では，初任給が370,000円と聞いていましたが，標準報酬月額はなぜか380,000円との通知書がきています。
これはどういうことですか。

A 370,000円「以上」の方の標準報酬月額は，380,000円です。

社会保険料額を決める「標準報酬月額」は，次ページの表のとおりです（令和５（2023）年１月時点・東京都）。

初任給が370,000円「のみ」という前提で話を進めます。**「保険料額表」**の左から３列目の「報酬月額」欄を確認すると，350,000円以上370,000円未満の場合の標準報酬月額は360,000円になります。すなわち，「370,000円」の場合は，１つ下の段にあたる370,000円以上395,000円未満，標準報酬月額380,000円に該当します。よって，相談のあった事例は，誤りではないことになります。

ただし，社会保険の資格取得時の報酬の範囲は，基本給のみではありません。「労働の対償」として，医療機関からの現金または現物支給されるものも含まれます。なお，年４回以上の賞与を支払う場合（最近は減ってきましたが）は，その賞与も報酬に含まれることになります。

「労働の対償」とは，具体的には，職務手当（たとえば，医師という専門職に対する手当）や通勤手当，残業手当も含まれます。残業がどの程度で起こるのかは不明確なことのほうが多いため，事実上その医療機関で起こり得る「見込み」で判断せざるを得ません。また，医師の場合は，有床医療機関であれば月に数日は宿日直に入ることも考えられますので，宿日直手当も当然「労働の対償」になります。

他方，**報酬の範囲に含まれないもの**としては，白衣や出張旅費，年３回以下の賞与があげられます。なお，資格取得時に届出された報酬月額と実際の報酬が乖離していた場合（今回のようなケース以外に単に誤って届出されてしまっ

【令和４年３月分（４月納付分）からの健康保険・厚生年金保険の保険料額表】

・健康保険料率：令和４年３月分～　適用　・厚生年金保険料率：平成29年９月分～　適用
・介護保険料率：令和４年３月分～　適用　・子ども・子育て拠出金率：令和２年４月分～　適用

（東京都）

（単位：円）

標準報酬		標準月額			全国健康保険協会管掌健康保険料				厚生年金保険料（厚生年金基金加入員を除く）	
					介護保険第２号被保険者に該当しない場合		介護保険第２号被保険者に該当する場合		一般，坑内員・船員	
等級	月額				9.81%		11.45%		18.300%※	
					全額	折半額	全額	折半額	全額	折半額
		円以上		円未満						
1	58,000		～	63,000	5,689.8	2,844.9	6,641.0	3,320.5		
2	68,000	63,000	～	73,000	6,670.8	3,335.4	7,786.0	3,893.0		
3	78,000	73,000	～	83,000	7,651.8	3,825.9	8,931.0	4,465.5		
33（30）	590,000	575,000	～	605,000	57,879.0	28,939.5	67,555.0	33,777.5	107,970.00	53,985.00
34（31）	620,000	605,000	～	635,000	60,822.0	30,411.0	70,990.0	35,495.0	113,460.00	56,730.00
35（32）	650,000	635,000	～	665,000	63,765.0	31,882.5	74,425.0	37,212.5	118,950.00	59,475.00
36	680,000	665,000	～	695,000	66,708.0	33,354.0	77,860.0	38,930.0		
37	710,000	695,000	～	730,000	69,651.0	34,825.5	81,295.0	40,647.5		
38	750,000	730,000	～	770,000	73,575.0	36,787.5	85,875.0	42,937.5		
39	790,000	770,000	～	810,000	77,499.0	38,749.5	90,455.0	45,227.5		
40	830,000	810,000	～	855,000	81,423.0	40,711.5	95,035.0	47,517.5		
41	880,000	855,000	～	905,000	86,328.0	43,164.0	100,760.0	50,380.0		
42	930,000	905,000	～	955,000	91,233.0	45,616.5	106,485.0	53,242.5		
43	980,000	955,000	～	1,005,000	96,138.0	48,069.0	112,210.0	56,105.0		
44	1,030,000	1,005,000	～	1,055,000	101,043.0	50,521.5	117,935.0	58,967.5		
45	1,090,000	1,055,000	～	1,115,000	106,929.0	53,464.5	124,805.0	62,402.5		
46	1,150,000	1,115,000	～	1,175,000	112,815.0	56,407.5	131,675.0	65,837.5		
47	1,210,000	1,175,000	～	1,235,000	118,701.0	59,350.5	138,545.0	69,272.5		
48	1,270,000	1,235,000	～	1,295,000	124,587.0	62,293.5	145,415.0	72,707.5		
49	1,330,000	1,295,000	～	1,355,000	130,473.0	65,236.5	152,285.0	76,142.5		
50	1,390,000	1,355,000	～		136,359.0	68,179.5	159,155.0	79,577.5		

※厚生年金基金に加入している方の厚生年金保険料率は、基金ごとに定められている免除保険料率（2.4%～5.0%）を控除した率となります。

加入する基金ごとに異なりますので、免除保険料率および厚生年金基金の掛金については、加入する厚生年金基金にお問い合わせください。

◆介護保険第２号被保険者は，40歳から64歳までの方であり，健康保険料率（9.81%）に介護保険料率（1.64%）が加わります。
◆等級欄の（　）内の数字は，厚生年金保険の標準報酬月額等級です。
　4（1）等級の「報酬月額」欄は，厚生年金保険の場合「93,000円未満」と読み替えてください。
　35（32）等級の「報酬月額」欄は，厚生年金保険の場合「635,000円以上」と読み替えてください。
◆令和４年度における全国健康保険協会の任意継続被保険者について，標準報酬月額の上限は，300,000円です。

（出典）協会けんぽ：『健康保険・厚生年金保険の保険料額表』

ていた）は，資格取得時に遡って訂正を行うことができます（この場合は，給与明細上でも保険料の調整が行われます）。ただし，これは原則として，基本給などの固定的賃金に誤りがあった場合で，「見込み」で判断する残業手当等の「増減」に伴う訂正は対象とはなっていません。資格取得時の報酬月額については，採用日以後５日以内に届出となっています。ただし，私学共済等によっては，多くの人事異動がある４月の資格取得に限って３月中に届出を行っても差し支えないとの運用を採用しています。この場合は，採用後すぐに健康保険の被保険者証が受け取れることになります。

本相談事例を題材にすると，仮に報酬月額が369,999円の場合には，標準報酬月額は360,000円となり，社会保険料（年齢は便宜上40歳とする）は53,550円（健康保険料・介護保険料・厚生年金保険料）となります。また，報酬月額が370,000円の場合には，標準報酬月額は380,000円となり，社会保険料（年齢は便宜上40歳とする）は56,525円（健康保険料・介護保険料・厚生年金保険料）となります（保険料額は，2023（令和５）年１月時点の東京都の料率を元に算出）。

報酬月額が１円違うだけで社会保険料としては2,975円の差が生じることになります。この金額は労働者負担分であるため，同額を事業主である医療機関も負担（別途，事業主は子ども・子育て拠出金の負担もあり）することになります。

なお，厚生年金保険については，標準報酬月額は650,000円が上限となっていることから，これより上の報酬月額であってもこの厚生年金保険料額は同じです。よって，上記のような制度の仕組みによって起こる報酬月額による負担額の差は，健康保険料のみで起こるということです。

 25 医局の人事によって，ほぼ毎年のように勤務先が変わっています。

社会保険関連は漏れなく申請できていると思いますが，このような状況下で，今後は何に気を付ければいいですか。

A 基礎年金番号の管理と，これまで社会保険に加入していた医療機関名の整理をすることです。

医師の場合は，１年ごと（あるいはそれよりも短い期間でのケースも）に勤務先を異動することは珍しくありません。都道府県をまたいだ異動の場合は**Q22**のように，まったく同じ報酬月額でも健康保険料が変わるケースがあります。年金の視点に立つと，年金の裁定請求の際に**「手帳番号（通称：手番）」**と呼ばれる未統合の年金記録（いわゆる宙に浮いた年金記録）の存在が明らかになるケースがあります。

推計ではありますが，未だに1,800万件ほどの持ち主不明の年金記録があるとされており，年金の裁定請求の際に本人確認が取れれば，その記録をつなぎ合わせることができます。ただし，他人の記録をつなげたとなれば大問題です。「そんなことがありえるのか。」という相談もありますが，広い日本国内では氏名＋生年月日だけの情報ですと，（実際にはありえないのでしょうが）端末上はまったく同じという人が存在してもおかしな話ではありません。

現時点で医師側が対処できることとしては，年金手帳が複数あるか否かを確認することです。国民１人ずつに付番されている**基礎年金番号**（４桁＋６桁の10桁の番号）は平成９（1997）年１月から導入されていますが，それまでは各公的年金保険制度ごとにそれぞれの年金番号が付番されていました。令和４（2022）年４月以降は，「年金手帳」から**「基礎年金番号通知書」**に切り替わり，基礎年金番号の導入を契機に年金番号の統合が進められましたが，当時は結果的に統合されていないと思われる年金記録が約5,000万件も存在することが明らかになりました。

転職等によって加入する制度が移り変わっている場合は，たとえば厚生年金保険での年金手帳の番号や共済組合での組合員番号など，１人で複数の番号を持っていることが多く，特に，医局の人事によって職場だけでなく制度（多くの民間医療機関が加入する厚生年金保険だけでなく，国家または地方公務員共済や私学共済）も変わることが一般職よりも多い医師の場合は，複数の年金番号を持たれているケースが多くみられます。また，同じ厚生年金保険であっても医療機関が変わった場合は，別の番号が付番されているケースもあります。

年金の裁定請求の際には，年金事務所から手番の存在自体は開示してもらえますが，「本人」だからこそ知り得る情報（たとえば，職場名等）を申し伝えなければ，やはり理論上は他人の記録である可能性もあるため，（記録をつなげることは）一生涯の年金額に直結することから，本人として特定するには心許ない状態となります。よって，当該記録をつなげることはできません。なお，職場名については頭文字だけ明らかにしてもらえるケースがあり，それを皮切りに記憶を手繰り寄せられるケースもあるのでしょうが，やはり事前に情報を整理しておくに越したことはありません。年金事務所においての対面での老齢年金の裁定請求は，原則45分（遺族年金や障害年金は１時間程度）しかないため，思いのほか時間がありません。

対面での裁定請求では，相談の冒頭に最低限の本人確認ができていることから手番の「ヒント」を与えてもらえることや，その他郵送では得ることのできない情報もあることと，スムーズにいけばその日で手続きが終了するメリットもあります（もちろん感染拡大防止の観点や時間の節約などから郵送での手続きはメリットがまったくないわけではありません）。ただし，年金裁定請求の当日に思い出すことができなかった場合は，後日に手続きをすることができます。これはすべてのケースにあてはまるわけではありませんが，「職場名等」とした理由として，職場名は一字一句正確には答えられなかったとしても当時の事業主名や同僚の氏名を申し伝え，本人特定と認められる場合もあります。もちろん，手番と思われる医療機関を退職後も当時の同僚とは付き合い（たとえば，お互いが開業医となり医療連携体制を敷いている）が続いており思い出せたというケースもありましたが，当時その同僚が社会保険に加入していたかは別問題ですので，医療機関ごとに整理しておくのが間違いありません。

なお，国民年金の手番については，職場という概念がありませんので，当時の居住地（たとえば，東京都○○区）を申し伝える必要があります。これは一例として，従業員数５人未満の小規模クリニックの勤務医の場合が想定されます。当該クリニックの場合は，厚生年金保険への加入が義務でないため，国民年金加入対象であったことが考えられるからです。

【年金手帳等の変遷】

[加入制度]	[資格取得（加入）時期] S29.5～	S35.10～	S49.11～	H9.1～	R4.4～
国民年金		茶色の年金手帳	オレンジ色の年金手帳	青色の年金手帳	基礎年金番号通知書
厚生年金保険	厚生年金保険被保険者証	厚生年金保険被保険者証	オレンジ色の年金手帳	青色の年金手帳	基礎年金番号通知書

資格取得時期により年金手帳等が異なります。

（出典）日本年金機構：『基礎年金番号・年金手帳について』を一部加工

また，**「99」で始まる基礎年金番号**を持っている場合は，注意が必要です。これは医師に固有の問題ではありませんが，年金加入記録は**「基礎年金番号」**を元に管理されています。基礎年金番号は１人に対して１つの番号が前提です。「99」で始まっている理由としては，年金制度への加入時に年金手帳が事業主に提示されず，基礎年金番号が未記入であった，あるいは基礎年金番号が何らかの理由で確認できなかったことから，新規に基礎年金番号を付番しようとしたところ既に別に基礎年金番号を持っていたケースです。このままでは基礎年金番号が複数になる可能性がある（「99」で始まる番号以外に，①氏名・②生年月日・③性別の３項目が一致する別の基礎年金番号が存在する）ため，確認が取れるまでの間は，正規の基礎年金番号ではなく，「仮基礎年金番号」で管理されていることを意味します。複数あることのデメリットとして，記録管理上はそれぞれ別人として扱われますので，本来支払う必要のない国民年金保険料の納付案内が届くなどの問題が発生する可能性があります。

勤務医で厚生年金保険に加入している場合は，厚生年金保険と国民年金を二重に保険料を払うことはないため，気づかないということはないでしょうが，住民税（異動直後のために給与天引きではなく，一旦は個人払いとしていた場合等）と誤認して，そのまま納付してしまったケースもあります。

Q 26　育児休業から復帰後に標準報酬月額を下げる手続きをしましたが，年金まで下がるとは説明を受けていませんでした。少子化対策が叫ばれているのに，何らかの緩和措置はないのですか。

A　「養育特例」を申請することで，子が３歳に達するまでの間は緩和措置があります。

相談事例の制度背景としては，令和４（2022）年の４月と10月以降に育児介護休業法の大改正が行われました。改正内容に注視すると，**「男性育休」**の取得促進を図る改正内容となっています。令和元（2019）年には，統計開始後初めて出生数が年間で90万人を下回り，相談内容にも見られるように少子化対策は国をあげて取り組むべき課題といえます。共働きが一般化する現代においては，**女性だけが育児休業を取る時代から徐々に変化**が訪れています。

育児休業取得率については永らく，女性８割，男性１割未満の状況でしたが，男性の育休については，かつては日本と同程度であったドイツが既に３割に達しているのに対して，日本はようやく１割（令和３（2021）年度13.97％）を突破してきている状況で，政府は，令和７（2025）年度の30％を目標にしています（参考：厚生労働省『育児・介護休業法の改正について ～男性の育児休業取得促進等～』および『雇用均等基本調査』「育児休業取得率の推移」を参照)。

医師同士で婚姻した場合は，妻である医師についても（医療機関が抱くであろう）早期の職場復帰への期待は想像に難くありません。筆者が受けた相談事例でも，法律上の取得可能な期間（1歳の誕生日の前日まで。1歳以後の延長にかかる記述は割愛します）を取得することなく，職場復帰する女性医師も散見されます。その場合は，法律上も認められているいわゆる時短勤務として育児休業前よりも短い勤務時間で働くことを選択されるケースがあります。また，男性医師についても，家庭環境の変化から宿日直に従事する回数を減らすなどの動きもみられます。その場合は，副次的に「収入減」となることが多く，現在の収入と社会保険料額が不釣り合い（実態に合っていない）の状態になります。

そこで，**「育児休業等終了時報酬月額変更届」**を届け出ることで育児休業終了後3か月間の給与額を元に4か月目から社会保険料額を改定する（実態に合わせる）ことが可能です。育児休業取得期間については，女性と比べて短期的な取得になる男性の場合は，たとえ1日の取得であっても「育児休業等終了時報酬月額変更届」は届出が可能（後述する「養育特例」は育児休業すら取得していなくても届出が可能）です。ただし，給与が変動しない，あるいは出生児に対する扶養手当が支給開始となったことでむしろ給与が増えるケースもありえます。その場合は，要件を満たした場合に強制的に届出対象となる「月額改定届」とは異なり，「届出しない」という選択をしても法的に問題はありません。なお，標準報酬月額の改定を行う場合は，3か月間の所定労働日数が3か月ともにすべて17日以上であることが条件です。

一方，育児休業（産前産後休業の場合も）を終了した際の改定の場合は，所定労働日数が3か月すべて17日以上でなくても改定が可能です。特定の月のみ17日未満の月があっても17日未満の月を除いて申請が可能です。この点だけに注視するとメリットしかないように見えますが，標準報酬月額を下げることで長期的な給付（たとえば，老齢厚生年金）や短期的な給付（たとえば，傷病手当金）は標準報酬月額が元になるため，給付額が下がってしまいます。これは，厚生年金保険，健康保険がともに「保険」という仕組みである以上，やむを得ない話ではあります。計算式を示すと，次のとおりです。

【老齢厚生年金】

A：平成15年３月以前の加入期間

$$\text{平均標準報酬月額} \times \frac{7.125}{1{,}000} \times \text{平成15年３月までの加入期間の月数}$$

B：平成15年４月以降の加入期間

$$\text{平均標準報酬額} \times \frac{5.481}{1{,}000} \times \text{平成15年４月以降の加入期間の月数}$$

ＡとＢの相違点は，平成15（2003）年４月以降は，賞与も年金額の計算の元となっている点です（従前額保障の部分は割愛します）。

【傷病手当金】

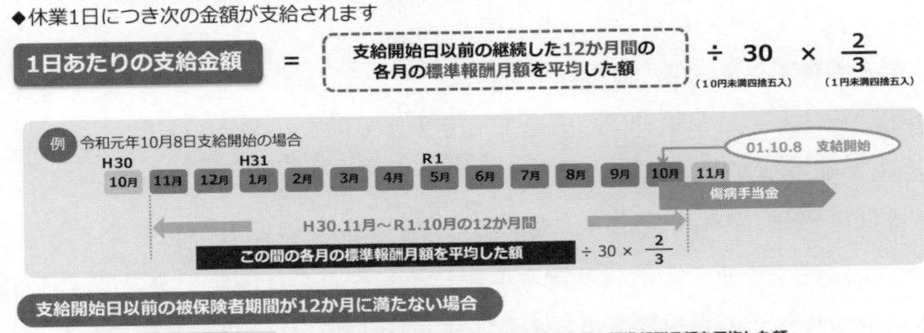

（出典）協会けんぽ愛知支部：『健康保険事務実践講座』

なお，**傷病手当金**については，給付の支給事由を満たす直近の標準報酬月額を意図的に引き上げて高額な給付金を得ようとする制度の趣旨と逆行した動きが散見されたため，現在は「直近12か月」の各月の標準報酬月額を用いて計算されるように改正されています。

本相談事例の本題である**「養育特例」**は，子が３歳に達するまでの間の「年金額」の計算に限り，子の養育前の水準で計算をしてもらえる制度です（参考：厚生労働省『３歳未満の子を養育する期間についての年金額計算の特例（厚生年金保険）』を参照）。

注意点は，次の３つです。

① 「年金額」（老齢厚生年金）に限定されていること
② 遡及申請する場合は，２年しか遡れないこと
③ 届出時に既に退職している場合は，本人が直接年金事務所に届出しなければならないこと

(1) 「年金額」（老齢厚生年金）に限定されている

短期的な給付である傷病手当金や出産手当金には，恩恵はありません。あくまでも年金額に限定された特例措置です。

(2) 遡及申請する場合は，２年しか遡れない

届出を失念していた場合は，遡れても２年までです。

（筆者の肌感覚ですが）この制度は，十分に周知されているとは言い難く，医療機関の事務方からは積極的に案内がなかったという話もあります。また，子が３歳に達するまでの収入状況を明確に予想するのは困難ですので，（戸籍謄本の取得にかかる費用の支出はありますが）判断に迷う場合は届出を進言しています。

(3) 届出時に既に退職している場合は，本人が直接年金事務所に届出をしなければならない

勤務医の場合は，医療機関の事務方や顧問社労士が対応することになります

が，退職した後に届出をする場合は，ご自身で対応しなければなりません。

特に開業医となった場合は，時間の捻出が極めて困難となるため（もちろん勤務医も多忙ですが），先送りしていた結果として**2年を超えてしまっていた**事例も散見されます。

Q 27

ドイツの大学へ行き，研究をすることになりました。年金はどうなりますか。

また，過去に数年間アメリカに行っていたこともありますが，そのときの年金はどうなりますか。

A

社会保障協定によって，ドイツの年金加入が免除される場合があります。アメリカの年金は，日本でも請求可能です。

国際的な人的交流が行われていることに伴い，日本から海外へ派遣されるケース，または海外から日本へ派遣されるケースも少なくありません。日本と特定の諸外国は，**社会保障協定**を結んでいます。

社会保険の見地に立つと，両国間の制度にそれぞれ加入するとなれば，両国で保険料を負担しなければならなくなります。これを**「二重加入」**と呼び，特に派遣された期間が短ければまったく年金受給に結びつかず，派遣先の国で納めた保険料は，結果的に掛け捨てとなる由々しき問題がありました。

そこで，このような問題を解決すべく，両国間で社会保障協定を締結し，二重加入を防止することにしています。併せて，加入期間の通算措置を盛り込んでいる協定もあります。まず，二重加入の防止と加入期間の通算措置の前提条件を，続いてドイツ，アメリカの個別的な論点を解説します。

二重加入の防止については，原則的な考え方として，本来は就労先の国の制度にのみ加入すべきではありますが，一時的な派遣の場合は，派遣元国との雇用関係が深いことから例外的に派遣元国の制度に加入することができます。なお，**「一時的」とは通常は５年**とされており，つまり５年以内であれば派遣元国（本事例では，日本）の制度に加入し，５年を超えるのであれば派遣先国の制度に加入となります。また，「５年」の計算は日単位で計算することになりますが，ドイツの場合は月単位になります。

年金加入期間の通算の考え方については，一方の国では年金受給のための加入期間が不足し，年金受給資格を得られないという問題も生じ得ます。そこで，他方の国の年金制度加入期間を一方の国の加入期間とみなして受給資格を通算することにより，年金受給資格を得る（「請求の手続き」は，別途必要）ことになります。ただし，これは「受給資格期間」を見る場合にのみ算定されるものにとどまり，受給する年金額は一方の国の実際の加入期間により計算された額になります。

ドイツに行くことになった本相談事例について，ドイツの個別的な論点を解説します。ドイツは，日本にとって最初の社会保障協定の締結国であり，平成12（2000）年２月に協定が発効されています。まず，**ドイツの年金制度**については，老齢年金受給開始年齢が日本と同じ65歳（段階的に67歳へ引き上げ予定）となっており，最低加入年齢は日本の10年（平成29（2017）年８月から）に対して，ドイツは半分の５年となっています。ただし，両国間の社会保障協定で二重加入防止の対象となっているものは「年金」のみです。よって，健康保険については，仮に日本からも報酬が発生する場合は両国で加入する必要があります。

本相談事例では，まず，どれくらいの期間にわたってドイツに行くのかを確認することが重要です。仮に５年以内ということであれば，派遣期間が一時的であることと，日本の厚生年金に加入しているため，ドイツの年金制度の加入の免除を受けるためには，「日・ドイツ社会保障協定厚生年金保険適用証明書交付申請書」（日本年金機構のホームページを参照）を派遣前に次の場所へ提出することとされています（令和４（2022）年10月より，届け出先が変更となっています）。ただし，相談業務（申請書の書き方も含みます）については，最

【適用証明書交付申請書の提出先】

〒182-8530　東京都調布市調布ヶ丘1-18-1　KDX調布ビル３階
日本年金機構　社会保障協定担当　宛

送付先が変更された申請書は以下の通りです。
社会保障協定を発効しているすべての国が対象となります。

1．厚生年金保険　適用証明書交付申請書
2．厚生年金保険　適用証明期間継続・延長申請書
3．厚生年金保険　適用証明書再交付申請書

（出典）日本年金機構：『年金Ｑ＆Ａ（社会保障協定（一般））』「適用証明書交付申請書の提出先はどこですか。」

寄りの年金事務所が窓口となっています。

もう１つの相談内容であった**アメリカの年金制度**については，10年以上の加入によって老齢年金の受給資格が得られます（アメリカは加入期間をクレジットで表し，１クレジットが３か月に相当することから40クレジットで10年に相当)。通算によるアメリカの年金の申請は，日本の年金事務所で申請可能です。既に日本の年金を受給している場合でも，アメリカの年金の請求は可能です（日本の年金はそのまま受給することが可能)。アメリカの年金の注意点は，遡及支給が６か月となっており，受給権発生から申請手続きが６か月以上経過すると時効により受給できない分が生じることがあります。なお，アメリカの年金は受給開始年齢が66歳（段階的に67歳へ引き上げ予定）となっており，受給権発生の３か月前から申請手続きが可能です。

一時派遣ではなく当初から５年を超えることが見込まれていたものの，**何らかの事情で５年を超えなかった場合**の取扱いについては，一時派遣の対象にはなりません。そもそも一時派遣は，派遣期間が当初から５年以内と見込まれていることを想定していますので，派遣前の段階で５年以内と見込まれていないことから，長期派遣者という扱いになるため，結果的に５年を超えなかったとしても，一時派遣者が受けられる派遣先国の免除制度は受けられません。

複数の国へ派遣されている場合は，そもそも社会保障協定は「二国間」で締

結されるものであるため，別の第三国の年金加入期間を通算するという想定がありません。よって，日本と協定相手国との年金加入期間を通算して10年以上となり，年金受給資格を満たすことはあり得ます。ただし，合算対象期間（いわゆるカラ期間）として扱われることがあるため，日本の年金の「受給資格期間」に含められる場合があります。

Q 28 企業型確定拠出年金をしていた医療機関から転職をしました。当時の企業型確定拠出年金の手続きは，特に何もしていません。
何か問題がありますか。

A 「自動移換」となります。運用ができないだけでなく，資産が減ってしまいます。

類似の相談事例は，比較的規模の大きい医療機関での勤務を経て小規模クリニックへ転職した医師から多い内容です。これまでの相談と同様に，異動の多い医師にとっては手間ではありますが，これは事務方が対応してくれる社会保険の手続きとは別に，ご自身で手続きをしなければなりません。

年金のなかには，公的年金とは別に**私的年金**というものがあります。代表例としては，社会的にも認知されてきたiDeCoがあげられます。**「iDeCo」**とは愛称であり，正式には，**「個人型確定拠出年金」**という名称です。これは確定拠出年金法に規定されており，平成29（2017）年１月以降は原則として国民全員が加入できるようになりました。

本相談事例は，同じ確定拠出年金法に規定されている企業型個人年金（根拠となる法律は，iDeCoと同様に企業型確定拠出年金法）に加入していたものの，人事異動等によって退職となり，**「企業型確定拠出年金」**（以下，企業型DCという）の加入者資格を喪失したあとの手続きがなされていないことによるものです。加入者資格を喪失した翌月から起算して６か月以内に移管等の手続きをしなければ，その年金資産は国民年金基金連合会に自動的に移換されます。稀に他の企業型または個人型確定拠出年金の口座があり本人情報が一致する場合は，結果的にはそちらの口座へ移換されることもあります。なお，本人情報とは，基礎年金番号，性別，生年月日，カナ氏名のすべての情報です。**自動移換の主なデメリット**は，次の３つです。

① 運用の指図ができない
② 管理手数料だけは引かれ続ける
③ 老齢給付金を受け取るための加入者期間に算入されない

(1) 運用の指図ができない

運用の指図とは，「掛金をいくらにする。」，「どの商品かを選び運用する。」ことの決定，あるいは運用商品の預け替えを運営管理機関に指示することです。指示については，インターネットや電話で担当者に指示できます。この指示内容によって運用成績が変わってきますので，運用の指図ができないということは放置することに他なりません。

(2) 管理手数料だけは引かれ続ける

資産運用ができないだけでなく，ご自身の資産額から管理手数料が引かれ続けることになります。実益がないどころか，受給可能年齢に達したときには資産が大幅に減っていることに繋がり，損失しか生じません。

(3) 老齢給付金を受け取るための加入者期間に算入されない

加入者期間に算入されないということは，受給開始時期が遅くなることを意味します。受給開始時期は60歳から75歳の間になりますが，仮に60歳から受取開始を希望する場合には60歳到達月時点で加入者通算期間が10年以上なければなりません。しかし，自動移換されている期間は加入者通算期間に算入されませんので，希望の受取開始時期から受け取れない事態に陥る可能性があります。

具体例として，３月31日付で退職の場合は，企業型DCの資格喪失日は４月１日になります。よって，自動移換を回避するには，10月31日までに手続きをする必要があります。どのような選択肢があるのか全体像をおさえておき，その時点で最善の選択をするのがよいでしょう。

① iDeCoに資産を移して，運用指図者となる
② iDeCoに資産を移して，積み立てを行う
③ 脱退一時金を受け取る
④ 他の企業型DC実施医療機関へ勤めて移換する

(1) iDeCoに資産を移して，運用指図者となる

「運用指図者」とは，掛金の拠出を行わず，運用の指図のみを行う者のことです。**「加入者」**とはDC口座へ掛金を拠出している人を指しており，加入者が何らかの事情で掛金を拠出できなくなった場合（たとえば，育児休業に入り無給となった場合）は，資格喪失届を出して掛金の拠出をやめ，運用指図者となるケースが代表的な例です。もちろん，掛金の拠出を再開すること（加入者に戻ること）は可能です。また，運用指図者となった後も，事務委託先金融機関業務に関する手数料，運営管理手数料等は支払わなければなりません。運用指図者の期間についても，②の加入者と同様に，加入者通算期間には算入されます。

(2) iDeCoに資産を移して，積み立てを行う

今後は，iDeCo加入者と同様に掛金の拠出を行い，かつ，運用の指図も行っていくことです。

(3) 脱退一時金を受け取る

法改正前までは，個人別管理資産の額が15,000円以下との制約がありました

が，現在ではこの要件は絶対条件ではなくなっており，個人別管理資産の額が15,000円超でも次のいずれの要件も満たす場合は，請求可能となっています。

○　60歳未満であること
○　企業型DCの加入者，運用指図者，iDeCoの加入者，運用指図者でないこと
○　iDeCoに加入できない者であること※
○　日本国籍を有する海外居住者（20歳以上60歳未満）でないこと
○　障害給付金の受給権者でないこと
○　最後に企業型DCの資格を喪失した日の翌月から6か月を経過していない者であること
○　企業型DCおよびiDeCoの加入者として掛金を拠出した期間が5年以内であることまたは個人別管理資産の額が25万円以下であること

※　国民年金第1号被保険者であり保険料の免除申請をしている者または生活保護によって生活扶助を受けていることによって国民年金保険料の免除を受けている者，日本国籍を有しない海外居住者

⑷　他の企業型DCを実施する医療機関へ勤めて移換する

これまでと同様に，職場によって規約が異なることがあるため，規約を確認しておくとよいでしょう。

Q 29 外来担当医が少なく，定年後も嘱託職員として病院に残ることになりました。

退職しないと納めている保険料が年金に反映しないと聞きましたが，それでは，長く働けば働くほど損することになりませんか。

A 令和４（2022）年10月分から「在職定時改定」という制度が導入されています。在職中でも納めた保険料が年金額に反映するようになりました。

この相談内容は，医師が，一般的にも高額な厚生年金保険料を納付していることと，また高度な学識と経験を要する職種であるために定年後も嘱託として雇用継続の期待度が高いことによって，医師にとっては由々しき問題でした。

現行の高年齢者雇用安定法では，一部の業種（坑内労働）を除き，60歳を下回る定年は違法となることから，わが国の定年年齢は事実上60歳が下限となります。（筆者の肌感覚では）医師で定年年齢が60歳という医療機関は多くなく，仮に63歳としても，年金受給開始年齢である65歳までは２年間の空白期間が生じます。もちろん，65歳までは継続雇用等の措置義務がありますが，65歳で引退となることは少なく，70歳を過ぎてもなお，診療業務に携わるケースが多くあります。

（繰り上げ請求をせず）65歳からの年金を受給しながら70歳まで働くとすると，厚生年金の保険料は70歳まで毎月の給与から天引き（別途で賞与が支給される場合は，賞与からも天引き）されます。しかし，毎月の厚生年金保険料を納めているにもかかわらず，改正前の法律では，年金額への反映は，退職したときまたは70歳に到達したときとなっていました。労働力不足の状況である昨今では長く働くことが求められているにもかかわらず，このような状況では就労意欲の向上に繋がっていないとの指摘がありました。そこで，（65歳以上の方が対象になる制度ですが）仕事を継続しながら厚生年金に加入している（老後の年金の受給資格もある）場合は，毎年決まった時期に年金額を改定する仕組みが導入されています。つまり，年金額の増加が年に１度は実感できるということです。具体的には，９月１日時点で厚生年金の被保険者である場合は，前月である８月までの加入実績に応じて10月から年金額の改定が行われます。ただし，実際に10月分の年金額が支払われるのは，12月です。これは年金支給の考え方として「その月に支払われるものは，前月までの２か月分を支給する。」とされているため，10月分（＋11月分）を12月に支給することになります。

この部分のみではメリットしかありませんが，デメリットもあります。「在職老齢年金」という制度（**いわゆる「年金カット法」**とも揶揄されている）で，一定以上の報酬を得ている場合には，年金額がカットされる仕組みです。具体的には，次の３つを合せて47万円（年度により変動する場合があります）を超えてしまう場合は，超えた部分の半分が年金からカットされます。

○　年金（月額換算したもので，加給年金額，繰り下げ加算額，経過的加算額，老齢基礎年金は除く）
○　賞与（月額換算した標準賞与額）
○　給与（標準報酬月額）

在職定時改定によって，より早期に年金額が改定されることにより，年金額が全部または一部カットされる可能性が高まることを意味します。法律上は**「支給停止」**と記載されていますが，これは停止されている分が将来返ってくると誤認されることが多いため，筆者は**「カット」と表現**しています。なお，在職定時改定が導入されていない状態でも「全額カット」されていたという場合は，実質的に何も変わらないケースもあり得ますが，今後，報酬が下がった（たとえば，外来への勤務日数が減ったことによって給与が下がる）ことによって年金受給対象となる場合には，在職定時改定によって退職を待たずに年金を受給できるようになるケースが想定されます。

【在職定時改定の導入】

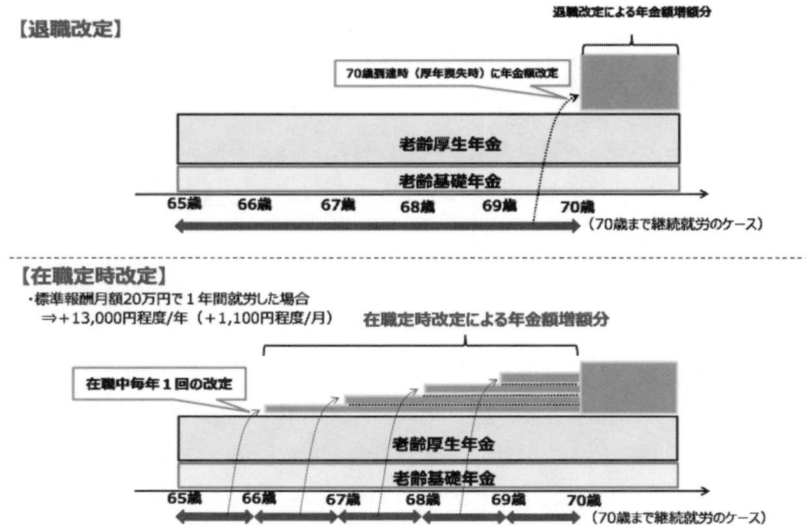

（出典）厚生労働省：『年金制度の仕組みと考え方』「第10　在職老齢年金・在職定時改定」

Q 30

定年を迎え，引き続き再雇用になりました。４月からの給与は定年前の７割程度に下がったのに，社会保険料は以前のままです。

保険料は，毎年秋頃に改定されると聞いていますが，それまで待たなければなりませんか。

A

60歳以上で同じ医療機関に1日の空白なく再雇用される場合は，再雇用された月からの改定が可能です。

社会保険料額を決める標準報酬月額を改定するためには，原則として３か月の給与支払い実績が必要です。そして，当該給与額をもとに，改定月から４か月目に改定が行われます。しかし，わが国では，定年再雇用は給与が下がることが一般的であり，その間，高額な社会保険料を納付し続けることは就労意欲の減退に繋がると考えられます。そして，この年齢となれば年金額もある程度は固まっていることもあり，実態にそぐわない社会保険料額を納めることに意味を見出しづらいとの声があります。

そのために，60歳以降も退職後に継続雇用される場合で1日の空白もなく同じ医療機関に再雇用される場合は，通常の月額改定のように4か月を待つことなく，再雇用された月から標準報酬月額を実態に合った標準報酬月額に改定することができます。実務上，事業主の証明が必要となることから，就業規則や退職後に継続雇用されたことが客観的に判断できる書類（たとえば，雇用契約書）または事業主の証明（**「継続再雇用に関する証明書」**）が必要になります。

また，医師の場合の由々しき問題として，医師不足の観点から医師に限り定年を設けていない小規模クリニックもあります。また，常時10人以上の労働者を雇用する場合には，就業規則の作成，届出義務が生じますので，小規模クリニックではそもそも就業規則がない，あるいは勤務医から経営者である代表医師に確認したところ，作成途中でとても周知できる状態に達していない（定年の規定が整備されていない）ケースも散見されます。この点については，各々の事業所の定年の定めの有無に左右されず，60歳以後に退職し，継続雇用された場合であれば対象になります。当然，正社員だけに限定される制度でもなく，厚生年金に加入する被保険者であれば活用可能な制度ですので，雇用されている名称が臨時医師など（医療機関によっては非常勤と呼ばれるケースもあり）のパートタイマー的な雇用形態であっても，厚生年金の被保険者であれば対象になります。

他方，「役員の場合はどうなるのか。」という相談もあります。そもそも役員となれば労働者ではなくなり，労働時間はおろか，定年再雇用という概念もありません。よって，役員規程等によって役員を退任し，その後も継続して嘱託社員等で再雇用されたことがわかる雇用契約書や事業主の証明で申請することになります。

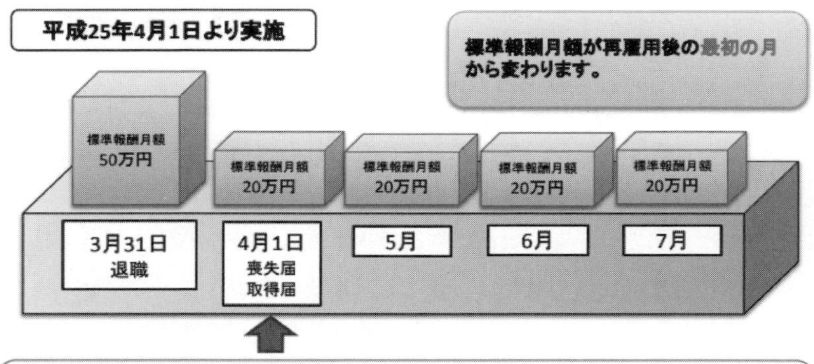

（出典）日本年金機構：『退職後継続再雇用された方の標準報酬月額の決定方法が適用される範囲の見直し』

なお，本制度を活用することにより，標準報酬月額を最短で引き下げることができる半面，年金額の計算にあたっては**「養育特例」**（**Q26**を参照）のような特例措置はありませんので，年金額は下がる方向に進みます。

Q31 医長から部長に昇進しました。管理職のために残業代は出なくなりますが，基本給と職務手当がアップします。この場合には，社会保険料はどうなりますか。

A **固定的賃金（基本給と職務手当）はアップし，非固定的賃金（残業代）はダウンしても，結果的に「２等級以上の上方修正」となれば，月額改定によって改定されます。**

当該医療機関の部長が，残業代の対象外である労働基準法41条２号で規定する**「管理監督者」**（労働時間，休憩，休日が適用除外）に該当するのかという論点は割愛して解説を進めます。まずは，**Q23**で示した月額改定の前提条件を記します。

【月額改定の前提条件】
○　固定的賃金の変動や給与体系に変動があること
○　標準報酬月額に２等級以上の変動があること
○　３か月の給与支払基礎日数がすべて17日以上であること
①　固定的賃金↑，非固定的賃金↑，２等級以上の変動（上方修正）　月額改定に該当
②　固定的賃金↑，非固定的賃金↓，２等級以上の変動（上方修正）　月額改定に該当
③　固定的賃金↑，非固定的賃金↓，２等級以上の変動（下方修正）　月額改定に非該当
④　固定的賃金↓，非固定的賃金↓，２等級以上の変動（下方修正）　月額改定に該当
⑤　固定的賃金↓，非固定的賃金↑，２等級以上の変動（下方修正）　月額改定に該当
⑥　固定的賃金↓，非固定的賃金↑，２等級以上の変動（上方修正）　月額改定に非該当

相談内容によると，医長から部長に昇進したことで，固定的賃金（基本給と職務手当）はアップし，非固定的賃金（残業代）はダウンすると考えられます。この時点では，上記の②と③に該当する可能性があります。

次に，３か月トータルの給与額を合算し，変更前の標準報酬月額に対して「上方修正」となるのか「下方修正」となるのかを精査する必要があります。そもそも月額改定の契機となるのは「固定的賃金」の変動であり，単に繁忙ゆえに残業代（非固定的賃金）の上下のみで「非固定的賃金」の変動では月額改定の対象にはなりません。

また，月額改定の契機となるのは，上がるか下がるかの２通りです（当然に現状維持は対象外）。さらに，「２等級以上」の変動でなければ対象外となり，固定的賃金が「上がり」，結果的に非固定的賃金も含めた後の標準報酬月額も「上がる」という状態（２つの矢印の向きが同じ）でなければ対象になりません。上昇することのメリットは，年金額計算の際に年金額が増える方向に作用することですが，既に厚生年金の標準報酬月額が32等級（650,0000円）以上であれば既に上限に達しているため，変動がありません（参考：ジョブカン『随時改定を行う（月額変更届について）』を参照）。

Q 32

現在，年俸制で勤務しています。賞与も年金額の計算に含まれるようになったと聞きました。

毎月の給与相当額と紐づいている標準報酬月額には上限があることも理解できましたが，賞与についてはどうなっていますか。

A

医師の場合は，他の医療従事者と異なり，年俸制を採用して，そのなかに固定残業代や賞与も含んだ報酬（年俸とは別に賞与を支給するケースもある）を支給するという支給形態を採用している医療機関もあります。

固定残業代については，多くの労働判例が出ていますが，詳述は専門の書籍に委ねます。

ご相談内容のとおり，平成15（2003）年４月以降は賞与も年金額の計算に含まれるようになっています。

回答の枢要部を詳述する前に，全体像から確認します。

そもそも年俸制であっても別に賞与を支払う場合は，医療機関には毎月１回以上の給与支払いの義務（労働基準法24条）が課せられています。想定されるのは，年俸を12等分した金額を毎月支給することとし，経営状況等に応じて「年俸額とは別に」賞与を追加で支給するケースです。

また，**年俸に賞与を含む場合**では，毎月の賃金に対して既に名目上の賞与が含まれていますので，後述する「被保険者賞与支払届」の対象にはならず，**算定基礎届**（毎年４～６月の給与支給実績を勘案し，９月からの標準報酬月額を決定）**の対象**になります。賞与とは，臨時に支払われ，かつ，その金額も予め定められていない賃金であると考えられていますが，予め金額を確定した賞与を支給することであれば，割増賃金の基礎単価に含める必要が出てくることにもなります。

賞与を支給した場合は，支給日から５日以内に所轄の年金事務所へ**「被保険**

者賞与支払届」を届出する必要があります。賞与については，「標準報酬月額」とは別に**「標準賞与額」**として記録されます。

具体的には，賞与額（所得税等控除前の総支給額）から1,000円未満の端数を切り捨てた額を「標準賞与額」とし，当該「標準賞与額」に健康保険および厚生年金保険の保険料率を乗じた額を給与から天引きします（保険料については，給与と同様に医療機関と被保険者が折半負担）。そして，重要な部分として，**「標準賞与額」にも上限**があり，健康保険では「年度（４月１日から翌年３月31日まで）ごと」の累計額が573万円，厚生年金保険は「１か月当たり」150万円となっています。なお，極めて稀ですが，同月内に２回以上賞与を支給されるときは，合算した額（単なる支給漏れで追加支給したケースもあり得る）で上限額が適用されます。

〈対象となる賞与〉

賃金、給料、俸給、手当、賞与その他いかなる名称であるかを問わず、労働者が労働の対償として受けるもののうち、年３回以下の支給のものです。なお、年４回以上支給されるものは標準報酬月額の対象とされ、また、労働の対償とみなされない結婚祝金等は、対象外です。

（例）給与規程において７月、12月に「○○手当」の支給を規定している場合、支給月が年２回と明確に規定されているため、通常の報酬ではなく賞与となります。

（出典）日本年金機構：「日本年金機構従業員に賞与を支給したときの手続き」

回答の枢要部としては，賞与とは，年３回以下の支給のものを指しますから，年４回以上となれば，もはや賞与の枠を越えてしまい，給与と同様に「標準報酬月額」の対象になります。賞与を別途支給する場合は，給与とは別に「標準賞与額」をもとに社会保険料の納付義務が生じますが，賞与を年４回以上支給する場合において「標準報酬月額」が既に厚生年金の上限に達している場合は，厚生年金保険料に限っては既に上限に達している（健康保険料はさらに上限がある）ことから，賞与があってもなくても変動がないケースがあります。その場合は，別途，年４回以上の賞与あるいは基本給組み込み型として支給したほうが社会保険料額は低くなることも考えられますが，標準賞与額が年金額の計算に用いられないことから年金額も低くなる可能性が高く，長期的な視点に立つと必ずしもよいとはいえません。

なお，「労働の対償」とはならないお見舞金等は，賞与ではありません。他方，コロナ禍関連のお見舞金については，令和２（2020）年の緊急事態宣言中にさまざまな取扱いが出されていますが，あくまでも宣言中に出された見解であることから，今後は個別具体的に判断する必要があります。

参考：厚生年金保険法

第３条１項３号（報酬）

三　賃金，給料，俸給，手当，賞与その他いかなる名称であるかを問わず，労働者が，労働の対償として受けるすべてのものをいう。ただし，臨時に受けるもの及び３月を超える期間ごとに受けるものは，この限りでない。

第３条１項４号（賞与）

四　賞与とは，賃金，給料，俸給，手当，賞与その他いかなる名称であるかを問わず，労働者が労働の対償として受ける全てのもののうち，３月を超える期間ごとに受けるものをいう。

33　65歳前の年金と失業保険は，両方を受給することはできないと聞きました。いろいろ調べてみると，そのようなことはないとの記述もあります。

どうすれば，両方の受給が可能になりますか。

A　65歳の誕生日の前々日までに退職することと，ハローワークへ失業保険の申し込みを65歳になった月以後に行うことです。

まず，用語の確認から行います。ご相談の**「65歳前の年金」**とは，厚生年金保険から支給される**「特別支給の老齢厚生年金」**をいい，生年月日に応じて65歳を待たずに支給される年金です。これは老後の年金の受給資格があり，かつ，

１年以上厚生年金保険に加入していることが受給要件となります。

また，生年月日に応じて受給開始年齢が異なっています。背景として，平成12（2000）年の法改正により受給開始年齢が60歳から65歳に引き上げられました。ただし，画一的に65歳受給開始としてしまうことで，大きな不利益が生じることから，男性については平成25（2013）年度から令和７（2025）年度にかけて引き上げが行われています。

女性の場合は，当時の雇用情勢を勘案し，支給開始年齢が５歳低く設定されていた経緯をふまえて，男性より５年遅れの平成30（2018）年度から令和12（2030）年度にかけて行われます（参考：日本年金機構『特別支給の老齢厚生年金』「特別支給の老齢厚生年金の受給開始年齢」を参照）。

「失業保険」は，雇用保険加入者（原則として週20時間以上の雇用契約で働く者が加入対象）が自己都合退職だけでなく，定年や契約期間満了等，諸般の

【基本手当の所定給付日数】

１．特定受給資格者及び一部の特定理由離職者（※補足１）（３．就職困難者を除く）

※補足１　特定理由離職者のうち「特定理由離職者の範囲」の１に該当する方については，受給資格に係る離職の日が2009年３月31日から令和７年３月31日までの間にある方に限り，所定給付日数が特定受給資格者と同様となります。

◆特定受給資格者
◆特定理由離職者

		被保険者であった期間				
		１年未満	１年以上 ５年未満	５年以上 10年未満	10年以上 20年未満	20年以上
区分	30歳未満	90日	90日	120日	180日	―
	30歳以上35歳未満		120日	180日	210日	240日
	35歳以上45歳未満		150日		240日	270日
	45歳以上60歳未満		180日	240日	270日	330日
	60歳以上65歳未満		150日	180日	210日	240日

２．１及び３以外の離職者

		被保険者であった期間				
		１年未満	１年以上 ５年未満	５年以上 10年未満	10年以上 20年未満	20年以上
区分	全年齢	―	90日		120日	150日

（出典）ハローワークインターネットサービス：「基本手当の所定給付日数」

事由によって離職した場合に，再就職活動中の生活補填としてハローワークから給付される手当です。「失業保険」ではなく**「基本手当」**が正しい名称ですが，便宜上「失業保険」とします。失業保険は，離職理由，雇用保険の被保険者であった期間，年齢等によって，給付額が異なります。たとえば，自己都合退職ではなく，**解雇や事業所の廃止**（事業活動停止後の再開の見込みのない場合を含む）**のために離職した**場合は，後者の方が**「特定受給資格者」**という枠組みに入るため，給付額は増えます。

また，自己都合退職の場合も，被保険者であった期間が長くなればなるほど給付額が増える傾向（所定給付日数とは，失業保険としての給付を受けることができる日数）にあり，特定受給資格者の場合は，給付制限期間がありません。自己都合退職の場合は，原則として２か月間（令和２（2020）年10月法改正）は失業保険を受けることができない給付制限期間が設けられています（参考：厚生労働省鳥取労働局『「給付制限期間」が２か月に短縮されます 〜 令和２年10月１日から適用 〜』を参照）。

Q．基本手当の支給はいつまでですか？

A．所定給付日数（雇用保険受給資格者証２０欄）の基本手当を認定日ごとに支給していき、所定給付日数が０日となるまで基本手当が支給されます。ただし、受給期間満了年月日（雇用保険受給資格者証１８欄）を超えて基本手当を支給することはできないため、所定給付日数全てを支給できない場合があります。
「雇用保険の失業等給付受給者のしおり（関連ページ：Ｐ11〜12参照）」

なお、所定給付日数を受け終わる前に就職等が決まった時は、要件を満たした場合、再就職手当等が支給されます。
「雇用保険の失業等給付受給者のしおり（関連ページ：Ｐ27〜30参照）」

★所定給付日数９０日　給付制限なし　就労なし

（出典）川崎公共職業安定所：『雇用保険受給者のみなさまへ』「〜失業給付は，いつからいくら，いつまで〜」

なお，離職理由の如何にかかわらず，受給資格決定日（離職後初めてハローワークに来所し，求職の申し込みを行い，離職票の提出日）から通算７日は**「待期期間」**とされ，失業保険は一切支給されません（参考：厚生労働省千葉労働局『雇用保険の受給手続きについて』「基本手当の支給が始まる時期」を参照）。

待期期間（給付制限期間がある場合は給付制限期間も）が終了した後に認定日にハローワークへ行くと，28日分ごとに所定給付日数が０になるまで給付されますが，受給期間満了日（原則として離職した日の翌日から１年間）を超えて支給されることはありません。

医局人事のための離職については，**原則として自己都合退職扱い**になります。ただし，離職理由を最終決定するのは，被保険者であった者の居住地のハローワークです。よって，離職票に記載された離職理由と異なる（異議がある）場合は，申し立てをして訂正することが可能です（必要に応じて，前職場へ問い

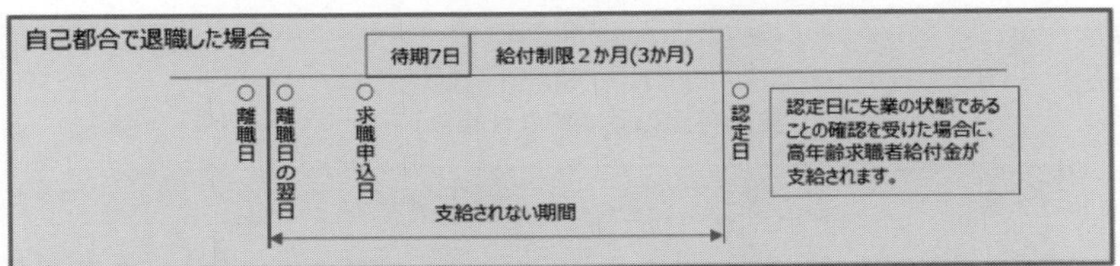

高年齢求職者給付金の支給額は、被保険者であった期間に応じて次表に掲げる日数分の基本手当に相当する額とされていますが、支給を受けることができる期限（受給期限）は、**離職日の翌日から１年**です。求職申し込みの手続きが遅れた場合、次表に掲げる日数分の支給を受けることができなくなることがあります。 お早めに求職申し込みの手続きをしてください。

被保険者であった期間	１年未満	1年以上
高年齢求職者給付金の額	**30日分**	**50日分**

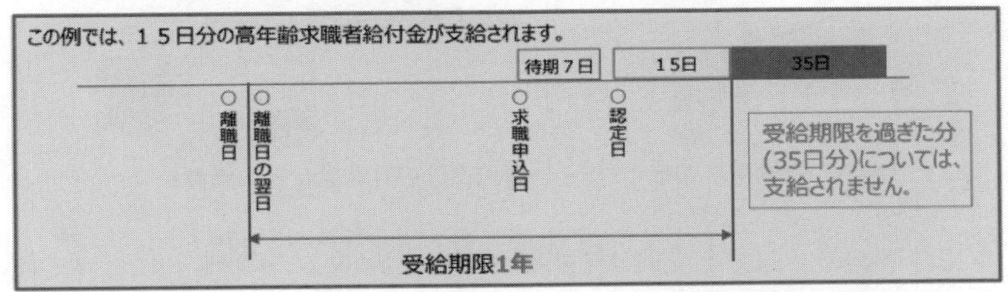

（出典）厚生労働省：『離職されたみなさまへ〈高年齢求職者給付金のご案内〉』

合わせが入る場合もあります)。

また，本相談事例に密接に関連することとして，65歳前に退職する場合と65歳以後に退職する場合とでは，失業保険の名称と給付額もまったく異なるということがあります。65歳前であれば，これまで解説した失業保険は原則として1年間のなかで28日分ごとに支給されますが，65歳以後の退職となれば給付の名称が**「高年齢求職者給付金」**となり，一時金となるだけでなく，給付額も少なくなります。

失業保険等が規定されている法律は雇用保険法であり，特別支給の老齢厚生年金が規定されている法律は厚生年金保険法ですが，両者には調整規定が設けられています（同時に受給することはできない)。実務上，ハローワークで求職の申し込みを行った日の翌月から所定給付日数を受け終わった日の属する月までは，特別支給の老齢厚生年金は全額支給停止されます。なお，求職の申し込みをした後に失業保険を受けない月がある場合は，事後精算扱いで概ね3か月後に遡って年金が支給される仕組みです。

【支給停止の基本的な仕組み】

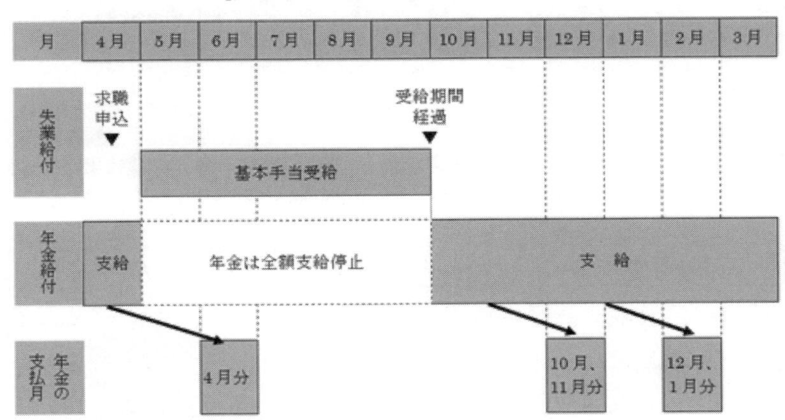

（出典）日本年金機構：『年金と雇用保険の失業給付との調整』

本相談事例の「両方を受給するには，どうしたらよいのか。」については，65歳から支給される老齢厚生年金（便宜上，本来支給の老齢厚生年金とする）

は失業保険との調整はありません。あくまでも，調整されるのは特別支給の老齢厚生年金です。そして，年金支給は「支給事由の生じた月の翌月から消滅した月まで」となっています。よって，65歳到達月に支給される年金は，特別支給の老齢厚生年金ということになります。整理すると，65歳到達月は特別支給の老齢厚生年金の失権月であり，本来支給の老齢厚生年金の受給権発生月ということです。すなわち，本来支給の老齢厚生年金が実際に支給されるのは，65歳１か月（65歳到達月の翌月）になります。

失業保険を受給するためには，ハローワークへ求職の申し込みを行う必要があります。特別支給の老齢厚生年金と失業保険の調整がかかるのは，求職の申し込みをした翌月からです。よって，求職の申し込みを65歳到達月以後に行うことで，年金と失業保険は両方受給できるということです。ただし，65歳１か月で受給する失業保険には，注意点があります。何を注意すべきなのかというと，失業認定日が65歳１か月にある場合は，認定を受ける「28日」のなかに１日でも65歳到達月（１日～末日）が入っていると65歳到達月の年金（特月支給の老齢厚生年金）は調整が入るため，支給停止されてしまいます。なかには，65歳よりももっと前に退職するというケースもあるでしょう。その場合は，年金と失業保険の額を比較してどちらか有利なほうを請求するのがよいでしょう。失業保険のほうが有利であれば，ハローワークで求職の申し込みを行い，年金事務所へも年金の裁定請求書を提出しましょう（その後に調整が入ります）。

年金のほうが有利な場合は，「求職の申し込み」をせず（誤って申し込みをしてしまった場合は失業認定日にハローワークへ出向かない等の対応が考えられます），年金事務所へ年金の裁定請求書は提出しましょう。なお，障害年金や遺族年金は失業保険と調整されませんので，両方受給することは何ら問題ありません。あるいは，特別支給の老齢厚生年金の受給開始年齢に達する前に離職し，失業保険を受け取ることも考えられます（調整がないため）。

34　65歳前の年金と失業保険は，自分に有利なほうを選ぶとよいとアドバイスをもらいました。

多くの場合は，失業保険のほうが有利だと聞きましたが，あれだけ高い厚生年金保険料を払ってきたのですから，年金が有利になるケースは本当にないのですか。

A　44年以上厚生年金保険に加入している場合は，年金のほうが有利になることがあります。

厚生年金保険に「44年以上」加入している場合は，一般職であれば（もちろん割合的に多くの方があてはまるということではないですが），そこまでレアケースでもありません。具体例としては，高卒の新卒で入社した会社に一生涯勤めたケースが最もスタンダードなパターンです。戦後の高度経済成長期を支えた三種の神器（終身雇用・年功制賃金・企業別労組）によって１つの企業で長く働くことが一般的であったためと考えられます。

これは，医師であっても長期雇用の期待度は高いものの，厚生年金保険には４つの種別が存在し，**同じ種別に「44年以上」**ということです。医師の場合は，たとえば，私立の医学部附属病院が加入することの多い第４号厚生年金被保険者（実施機関は，日本私立学校振興・共済事業団）から医局人事によって民間病院に派遣された場合は，同じ厚生年金であっても第１号厚生年金被保険者（実施機関は日本年金機構）になります。平成27（2015）年10月に「年金一元化」がされていますが，実施機関は別組織であり，それぞれの実施機関で年金に係る事務が行われていることは変わりません（参考：国家公務員共済組合連合会『公的年金制度のあらまし（一元化含む）』「厚生年金の被保険者及び実施機関」を参照）。

なお，この厚生年金に44年以上加入している場合を，**「長期加入者の特例」**あるいは**「44年特例」**と呼び，65歳よりも前に支給される特別支給の老齢厚生年金の支給時に「報酬比例部分」と併せて定額部分の受給開始年齢到達前であっても定額部分を受給できる特例になります。ただし，これには要件があり，「退職」や「厚生年金の被保険者でなくなる」（たとえば，労働時間を減らして資格喪失する）ことが必要になります。そうすると，厚生年金の被保険者でなくなった月の翌月分から定額部分を受給することが可能になります。また，対象者（金受給開始前の65歳未満の配偶者等）がいる場合には，加給年金額も加算されます。こうなると，失業保険よりも年金のほうが高くなる可能性があります。また，長期加入者の特例は，特別支給の老齢厚生年金の受給開始年齢から65歳に達するまでに該当する必要があります。

定額部分の計算式（令和４（2022）年４月分から）
1,621円 × 生年月日に応じた率 × 被保険者期間の月数

65歳前に退職して，ハローワークへ行くのが遅れました。実際には失業保険を受給していませんが，年金との調整はどうなりますか。

概ね３か月後に年金が支給されます。

年金との調整がかかるのは，求職の申し込みをした翌月からです。たとえば，７月10日に申し込みをしたとすると，年金との調整は８月からです。ただし，本相談事例のように，その月に失業保険を受けた日が１日もない場合は，その月から２か月後まで失業保険の有無を確認したうえで支給停止が解除されます。そして，３か月後に年金が支給されることになります。よって，８月分の年金が11月に支給されるということです。

失業保険の受給がない期間が継続した場合は，原則として１か月分ずつが振り込まれることになります。ただし，求職の申し込み翌月に待期期間があり，

【失業給付と年金と調整の例】

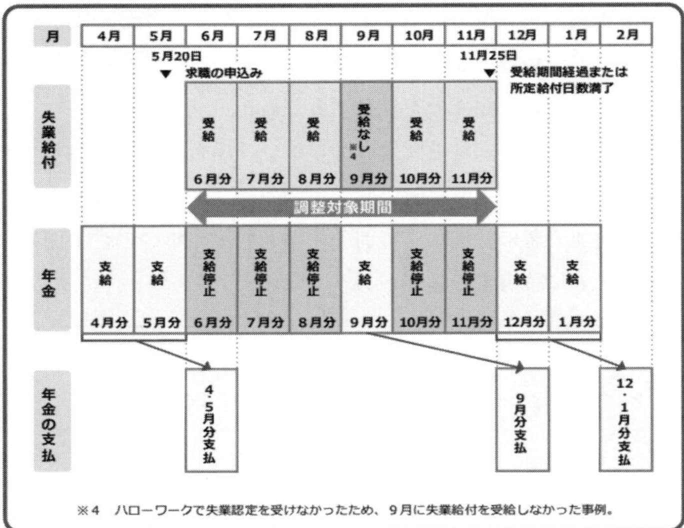

共済組合等が支給する老齢厚生年金については、支払時期が異なることがあります。

【事後精算の例】

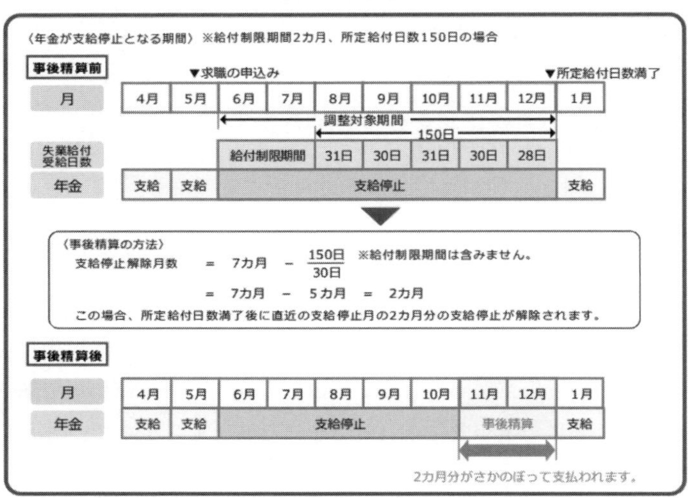

（出典）日本年金機構：『失業給付・高年齢雇用継続給付の手続きをされた方へ』「雇用保険の給付を受けると年金が止まります！」

失業認定のためハローワークへ行かなかった場合は，申し込み月の翌月の年金については，事後精算の時まで支給停止解除にはなりません。

年金が支給停止されない場合とは，対象期間の各月に失業保険を受けたとみなされる日およびこれに準ずる日として政令で定める日が１日もないこととされています。この失業保険を「受けたとみなされる日およびこれに準ずる日として政令で定める日」とは，失業の認定を受けた日や，待期期間，離職理由による給付制限期間等をいいます。

Q 36　**少額ではあるものの，65歳前の年金を受給しています。現在は，65歳前の退職を予定しています。**

退職すると年金が増えると聞きましたが，その分も失業保険との調整でカットされてしまいますか。

A　**退職時改定によって増額する分も，年金と失業保険間の調整対象になります。**

たとえば，７月15日付で退職した場合は，７月16日が厚生年金保険の資格喪失日になります。７月分については，これまでと同様の加入期間に基づく在職老齢年金としての受給（一部支給停止になっているとのこと）です。そして，退職時改定によって年金請求月から退職月である前月の６月までの加入月数をこれまでの加入期間に反映した特別支給の老齢厚生年金を８月から受給できます。

しかし，求職の申し込みを８月にする場合は，特別支給の老齢厚生年金は，その翌月の９月から65歳到達月まで支給停止になります（65歳以降の本来支給の老齢厚生年金は，失業保険との調整はありません）。すなわち，退職時改定によって増額する分も調整の対象になります。

求職の申し込みを（少し間をあけて）11月にする場合は，その翌月である12

月から調整対象となりますが，既に本来支給の老齢厚生年金の受給が始まっていれば（年齢としては65歳１か月以降）調整の対象にはなりません。結果的に，退職時改定によって増額した年金も調整されることなく受給でき，かつ，本来支給の老齢厚生年金と失業保険との間では調整はないことから，まったく調整されることなく年金が受給できます。

在職中であれば，在職老齢年金の仕組み上，報酬額によっては老齢厚生年金

【計 算 方 法】

在職老齢年金の計算方法のフローチャート

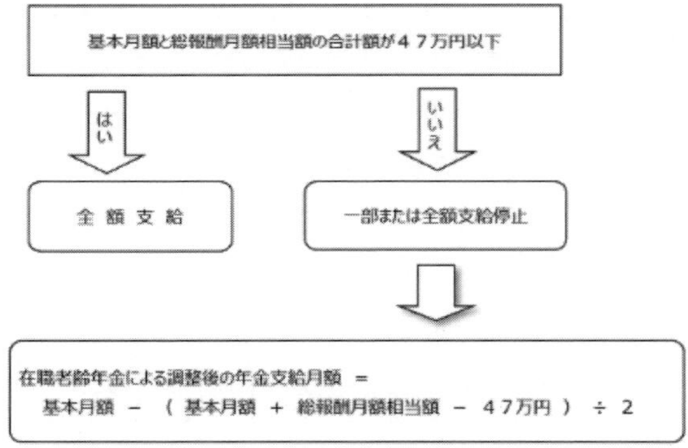

在職老齢年金による調整後の年金支給月額の計算式

- 基本月額と総報酬月額相当額との合計が47万円以下の場合
  全額支給
- 基本月額と総報酬月額相当額との合計が47万円を超える場合
  基本月額－（基本月額＋総報酬月額相当額－47万円）÷2

令和4年3月以前の65歳未満の方の在職老齢年金による年金支給月額の計算式

- 基本月額と総報酬月額相当額の合計額が28万円以下の場合
  全額支給
- 総報酬月額相当額が47万円以下で基本月額が28万円以下の場合
  基本月額－（総報酬月額相当額＋基本月額－28万円）÷2
- 総報酬月額相当額が47万円以下で基本月額が28万円超の場合
  基本月額－総報酬月額相当額÷2

（出典）日本年金機構：『在職中の年金』「在職老齢年金の計算方法」

の全部または一部が支給停止されていましたが，厚生年金保険の資格を喪失すれば（もちろん，その後は加入期間が増えず，年金額は増えていかないことにはなりますが），在職老齢年金による全部または一部の支給停止もなくなります。

救急対応のため，宿日直に入ることになりました。宿日直手当には非課税枠があると聞きましたが，社会保険上の取扱いはどうなりますか。

非課税枠はあるものの，労働の対価であるため，社会保険上の報酬として取り扱われます。

宿日直料については，次の要件にあたる場合は1勤務につき4,000円までの部分が非課税になります（国税庁：所得税基本通達28－1）。

⑴　休日又は夜間の留守番だけを行うために雇用された者及びその場所に居住し，休日又は夜間の留守番をも含めた勤務を行うものとして雇用された者に当該留守番に相当する勤務について支給される宿直料又は日直料
⑵　宿直又は日直の勤務をその者の通常の勤務時間内の勤務として行った者及びこれらの勤務をしたことにより代日休暇が与えられる者に支給される宿直料又は日直料
⑶　宿直又は日直の勤務をする者の通常の給与等の額に比例した金額又は当該給与等の額に比例した金額に近似するように当該給与等の額の階級区分等に応じて定められた金額（以下この項においてこれらの金額を「給与比例額」という。）により支給される宿直料又は日直料（当該宿直料又は日直料が給与比例額とそれ以外の金額との合計額により支給されるものである場合には，給与比例額の部分に限る。）

ただし，年金額に直結する社会保険上の取扱いについては，労働の対価であることには間違いなく，全額を報酬として扱うことになります。なお，労働基準法上も賃金として取り扱うことになるため，失業保険の受給の際の離職票の

賃金欄に記載される額には，宿日直手当の全額を含めた額が記載されます。

また，60歳から65歳までの間に限った制度ですが，60歳到達時の給与額よりも75％未満に下がった場合は，雇用保険から**「高年齢雇用継続基本給付金」**の給付があります。この給付を申請するにあたり，各々の月にどの程度の賃金を支払ったかという欄には，宿日直手当は全額を支払った賃金に含めることになります。

38　60歳になった時よりも再雇用によって給与が下がった場合は，ハローワークから給付があると聞きました。それは，雇用保険に入れば受給できますか。

A

医師の場合は，上限額によって対象外となるケースが多いです。

この給付は，60歳から65歳までの間の期間限定的な制度であり，将来的には，現在よりも給付率が減少していく予定です。60歳到達時の給与額よりも75％未満に下がった場合は，原則としてその月の賃金の15％程度が支給されるものです（参考：厚生労働省『高年齢雇用継続給付の見直し（雇用保険法関係）』を参照)。

ただし，他にも要件があり，雇用保険の**「被保険者であった期間」が５年以上あること**（５年に満たないときは５年以上になった時から）です。なお，「被保険者であった期間」とは，雇用保険の被保険者として雇用されていた全期間を指します。退職等による被保険者資格の喪失から新たな被保険者資格の取得までの間が１年以内であること，およびその間に求職者給付および就業促進手当を受給していない場合は，過去の「被保険者であった期間」は通算されます。

細かい部分ではありますが，月の初日から末日まで雇用保険の被保険者であること，月の初日から末日まで育児休業給付金や，介護休業給付金の受給対象となる休業をしていないことも要件です。そして，制度の趣旨として，社会的にもある程度の額以上の賃金を受けている場合は，対象外となります。

医師の場合は，次表の**「支給限度額」**を超えているケースがほとんどであるため，「結果的に」支給対象外となるケースが多いです。ただし，念のために申請を行い，不支給であることの確認をしておく考えもありますが，失業保険と同様に，特別支給の老齢厚生年金との調整対象の給付になります。

高年齢雇用継続給付（令和4年8月1日以後の支給対象期間から変更）

● **支給限度額　３６０，５８４円 → ３６４，５９５円**

支給対象月に支払いを受けた賃金の額が支給限度額（364，595円）以上であるときには、高年齢雇用継続給付は支給されません。

また、支給対象月に支払いを受けた賃金額と高年齢雇用継続給付として算定された額の合計が支給限度額を超えるときは、３６４，５９５円ー（支給対象月に支払われた賃金額）が支給額となります。

● **最低限度額　２，０６１円 → ２，１２５円**

高年齢雇用継続給付として算定された額がこの額を超えない場合は、支給されません。

● **60歳到達時等の賃金月額**

上限額　４７３，１００円 → ４７８，５００円

下限額　７７，３１０円 → ７９，７１０円

60歳到達時の賃金が上限額以上（下限額未満）の方については、賃金日額ではなく、上限額（下限額）を用いて支給額を算定します。

（出典）厚生労働省：『高年齢雇用継続給付 介護休業給付 育児休業給付 の受給者の皆さまへ』

Q39 高年齢雇用継続基本給付金を受け取ると，年金は停止されてしまいますか。

A 在職老齢年金による支給停止に加えて，最大で標準報酬月額の6%が支給停止されます。

厚生年金に引き続き加入中の場合は，在職老齢年金による全部または一部の支給停止もあり，かつ，高年齢雇用継続基本給付金を受け取ることによる年金の一部停止（最大で標準報酬月額の６％）もあります。また，認識が抜け落ちがちな点として，初回の高年齢雇用継続基本給付金の支給申請が認められた場合は，その後に高年齢雇用継続基本給付金の申請をしなかった場合であっても，高年齢雇用継続基本給付金の支給申請が可能である期間中は年金の一部支給停

【高年齢雇用継続給付による年金支給停止の例】

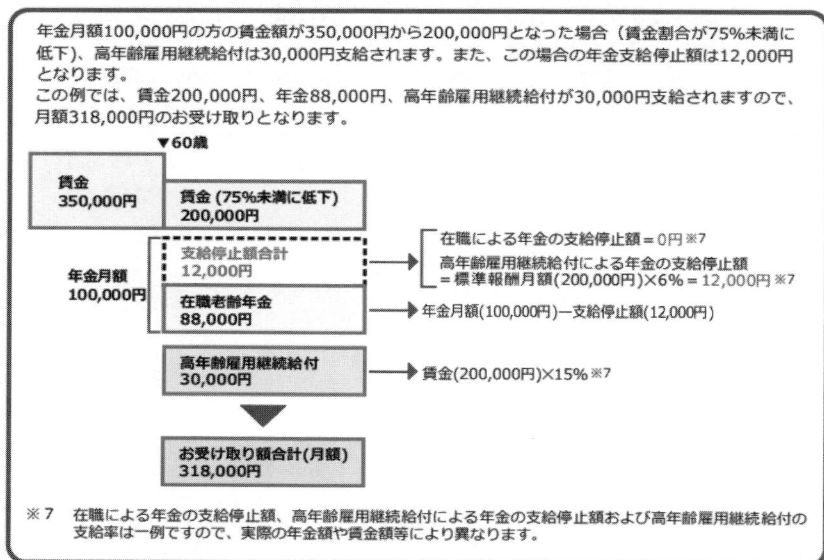

（出典）日本年金機構：『失業給付・高年齢雇用継続給付の手続きをされた方へ』

止は解除されませんので，注意が必要です。

他方，厚生年金保険の資格喪失（たとえば，労働時間を短くする）し，雇用保険のみに加入する場合は，支給停止はなくなり，労働時間が短くなったことで高年齢雇用継続基本給付金を受給できる可能性が出てきます。

Q40

医療機関の勤務医です。

通勤手当が6か月分まとめて支払われることにより，算定基礎届や離職票，高年齢雇用継続基本給付金の申請時に，手当のタイミングによっては社会保険料が増えることがありますか。

また，高年齢雇用継続基本給付金が不支給になるなどのデメリットはありますか。

6か月分まとめて支払われる通勤手当は，1か月分に換算して申請します。

社会保険料に直結する算定基礎届については，4～6月に支払われた給与を基にその年の9月からの標準報酬月額を決定します。たまたま4月や7月に6か月分の通勤手当が支払われたことで差が生ずるのは不合理ですので，月額換算された後に報告されます。

ご相談の離職票と高年齢雇用継続基本給付金も，同様の考え方です。こちらは「給付額」に直結するものです。離職票に記載される賃金欄には月額に換算した通勤手当を記載することとし，高年齢雇用継続基本給付金の各月に支払われる賃金欄には月額換算した通勤手当を記載しますので，支給形態によって直接的な得失は生まれません。

Q30　通勤手当の代わりに６ヶ月定期券を支給している場合の支給申告書の記載方法

A．当該通勤手当（定期代）を６で除した額が，実際に支払われた月（定期券を渡した月）以後の６の支給対象月に支払われたものとして支給申請書に記載します。１カ月ごとの各月に算定の事由が生じるものの，支払事務の便宜等のため数カ月分一括して支払われるものについては，当該賃金が実際に支払われた月を含め，それ以降の月に割り振って計上します。なお，割り切れない場合は小数点以下を切り捨てし，残った金額を最後の月に計上してください。

Q31　通勤手当（６か月分）を一括で支給している場合の支給申告書の記載方法

例１）令和△△年８月に60歳に到達し，高年齢雇用継続給付基本給付金の受給資格者となりました。10月に８，９月分の支給申請を行います。７月に通勤手当６ヶ月分一括して払われていますが，10月の支給申請の際は８，９月分の賃金に，この通勤手当を６で除した額を加えた金額を支給申請書に記載すればよいのですか？

A．高年齢雇用継続給付の支給申請時に記載する賃金額は，支給対象期間の各月に支払われた賃金額であり，このうち支払事務の便宜等のため数カ月分を一括して支払われる通勤手当については，その基礎となる月数で除した額が実際に支払のあった月以降に支払われたものとして取り扱います。しかし，ご質問における通勤手当は，そもそも支払対象期間外に支払われた賃金ですから，当該通勤手当分を含めずに支給申請書に記載することとなります。

例２）高年齢雇用継続基本給付金の受給資格確認を受けた後，３月15日に離職し，基本手当を受給せず４月１日に他の事業所に再就職しました。当該事業所では，通勤手当６ヶ月分を前月に前払いすることとなっていますが，新たに入社した者に対する最初の通勤手当の支払いは，その入社月に行っています。入社月である４月に４月～９月までの６ヶ月分の通勤手当の支払いがあり，９月に10月から翌年３月までの６ヶ月分の通勤手当の支払いがありますが，この場合の通勤手当の取扱いはどのようになるのですか？

A．4月に支払われた６ヶ月分の通勤手当については，当該手当を６で除して得た額が４月から９月の各月に支払われたものとして取り扱います。９月に支払われた通勤手当については，当該手当を６で除して得た額が９月から翌年２月までの各月に支払われたものとして取り扱います。結果として，９月については通勤手当を２回支払われたものとして取り扱うことになります。

（出典）大阪ハローワーク：『雇用保険の各種手続きに関するＱ＆Ａ』

Q16　通勤手当を毎月支払う代わりに，６ヶ月分の定期券を購入して当該定期券により通勤する月の前月にもらっている場合，高年齢雇用継続給付の支給申請書にはどのように記載するのですか。

当該通勤手当（定期代）を６で除した額が，実際に支払われた月（定期券をもらった月）以後の６の支給対象月に支払われたものとして支給申請書に記載します。１カ月ごとの各月に算定の事由が生じるものの，支払事務の便宜等のため数カ月分一括して支払われるものについては，当該賃金が実際に支払われた月を含め，それ以降の月に割り振って計上します。なお，割り切れない場合は小数点以下を切り捨てし，残った金額を最後の月に計上してください。

（例）６か月分の通勤手当80,000円が５月に一括して支払われた場合

通勤手当80,000円を５月から９月の５か月に13,333円，10月に13,335円を分けて計上します。

（注）会社としては，４月から９月分の通勤手当であっても，通勤手当が実際に支払われた月以後に分けて計上することとなります。

（出典）厚生労働省：『Ｑ＆Ａ～高年齢雇用継続給付～』

第3章　開業医からよくある質問

Q41　個人で開業をすることになりました。社会保険は，どのような選択肢になりますか。

A　個人開業の院長は，国民年金になります。年金を増やしたい場合は，iDeCoの掛金額を増やすのが一案です。

法人と個人事業主の相違点としては，法人（たとえば，医療法人）の場合は法人に使用されることから，代表者であっても報酬があれば厚生年金保険への加入が義務付けられています。他方，個人事業主（たとえば，個人クリニック）の場合は院長自身が事業所に使用される概念がないため，報酬の如何を問わず，厚生年金保険に加入することはできません。

ただし，「事業主の家族」については，例外なく加入できないのではなく，次の４つにあてはまる事実上の使用関係が明らかであると認められた場合には，加入が認められることがあります。

① 予め定められた就業規則がある場合に，他の従業員と同様に適用されているか
② 出勤簿等により，他の従業員と同様に労働時間等の管理がされているか
③ 賃金台帳等により，他の従業員と同様の計算で賃金の支払いがされているか
④ 事業主の確定申告で，専従者給与として支払われていないか

個人事業主として開業する場合は，次の４つのフェーズに分けられます。

① 個人開業し従業員数が５人未満
② 個人開業し従業員数が５人以上
③ 個人開業から医療法人へ移行
④ 当初から医療法人

(1) 個人開業し従業員数が５人未満

院長の年金は，国民年金の一択です。

従業員の年金は，原則として国民年金となりますが，従業員の半数以上が厚生年金保険の適用事業所となることに同意し，事業主が申請することにより，**「任意適用事業所」**として厚生年金保険の適用事業所になることができます。

院長自身には「事業所に使用される」という概念がないため，国民年金のままです。

(2) 個人開業し従業員数が５人以上

院長の年金は，国民年金の一択です。

従業員の年金は，従業員数が５人以上で**「強制適用事業所」**となるため，厚生年金保険の加入対象者になります。

(3)　個人開業から医療法人へ移行

「個人事業主」から「法人」へ移行したため，院長，従業員全員が国民年金ではなく，厚生年金の加入対象者になります。

(4)　当初から医療法人

(3)と同様に法人のため，院長，従業員全員が国民年金ではなく，厚生年金の加入対象者となります。

医療法人には，役員４名（理事長１名，理事２名，幹事１名）以上，社員３名以上が必要です。

Q42　クリニックの健康保険は，医師国保にしようと思っています。通常の国保と比べて，保険料はどちらが低額ですか。

A　収入が増えても保険料が一定である点を考慮すると，医師国保のほうが低額になります。

各都道府県に設定されている**医師国保組合**の規定によりますが，多くの場合，**医師国保**は保険料が一定であるため，開業後，順調に収入が増えたとしても保険料は一定になります。これは，保険料が組合員の種別や年齢で設定されているため，収入が増えたとしても保険料額が一定というメリットがあります。保険料は，健康保険と同様に１か月単位であり，日割の概念はありません。他方，**通常の国保**の保険料は，（厳密には，市区町村ごとに若干の相違点はありますが）前年の１月～12月の所得に応じて算定されます。

勤務医からほぼ間を開けずに開業医となり，かつ，勤務医時代にある程度の収入を得ていた場合は，国民健康保険料も比例して高額になります。他方，勤務医時代から引き続き**「任意継続被保険者」**（健康保険の被保険者が退職後も最大２年間は退職前に加入していた健康保険に加入できる制度）として，資格を継続できる選択肢もあります。ただ，資格を継続できるのは被扶養者（たとえば，配偶者や子）までであり，従業員を雇用している場合は，他の従業員には医師国保か通常の国保かのどちらかに決めておかなければなりません。

参考までに，任意継続被保険者となった場合の保険料は，退職時の「標準報酬月額」に居住地の属する都道府県の保険料率（40歳以上65歳未満の方は，介護保険料率を含む）を乗じた額です。ただし，保険料には上限が設定されており，退職時の標準報酬月額が「30万円」を超えている場合は，「30万円の標準報酬月額」により算出した保険料になりますので，医師はほぼこれに該当します。

注意点としては，勤務医のときは医療機関と本人で保険料を折半していたものが，退職後は本人が全額を負担することになります。保険料は，原則として２年間は変わりません（保険料率が変更になった場合や40歳または65歳到達時等を除く。**Q23**を参照）。

また，開業後には，診療業務の他に看護師や診療報酬請求事務担当の協力が欠かせないため，開業時のスタッフが「医師のみ」のケースは極めて稀ですので，健康保険については決定しておくべき重要部分です。

Q 43 健康保険には事業主負担分がありますが，医師国保にはありません。自身も含めて各々が負担する保険料相当額を手当として支給しようと思いますが，どのような影響がありますか。

A 従業員の残業代単価に当該手当を含めることになりますので，残業代単価が高くなります。

医師国保の場合は，健康保険にあるような**「事業主負担分」の考え方がない**ので，院長だけでなく従業員も保険料の全額を本人が納めなければなりません。

そこで，負担を緩和する意味で手当として支給（たとえば，健康手当）するケースがあります。

個人事業所の院長から検討します。国民年金に加入中の場合は，厚生年金保険のように報酬額が直接的に保険料額や年金額に影響を与えません。他方，医療法人化をして，厚生年金保険に加入した場合でも，年金事務所へ「適用除外承認申請」の手続きをして，医師国保に残ることはできます。ただし，役員報酬は切迫した事由等がない場合は，年の中途で何度も変更することはできません。したがって，その分も考慮した役員報酬に設定した場合は，厚生年金保険料は報酬額と密接に関連しますので，その分だけ保険料は上がる方向になります。もちろん，年金額も同様に（既に標準報酬月額の上限に達している場合を除き），増える方向になります。

従業員の場合も，原則的な考え方は院長の場合と同じです。ただし，決定的な違いがあります。院長は経営者であって労働者ではないため，労働関係法令（代表的なものとして，労働基準法）の適用がないものの，雇用関係を結ぶ従業員には労働関係法令が適用されます。これが意味するところは，仮称「健康手当」を支給することによって，割増賃金（残業代）の単価が上がることになります。

割増賃金の単価の算定にあたっては，基礎となる賃金も含めて算定しなければなりません。たとえば，家族手当のような仕事とは直接的な関係のないものは含めなくとも問題ありませんが，次に明記されている手当はあくまで限定列挙であり，列挙されていない手当は算定にあたって含めなければならないことになります。もちろん，仮称「健康手当」は，継続的に支給する必要性が高いと思われる性質の手当であるため，経営的な目線でも特定の月だけの負担で済むという次元の話ではなくなります。

「割増賃金の基礎となる賃金」から除外できるもの

以下の①～⑦は，労働と直接的な関係が薄く，個人的事情に基づいて支給されていることなどにより，基礎となる賃金から除外することができます。（労働基準法第37条第５項，労働基準法施行規則第21条）

① 家族手当
② 通勤手当
③ 別居手当
④ 子女教育手当
⑤ 住宅手当
⑥ 臨時に支払われた賃金
⑦ １か月を超える期間ごとに支払われる賃金

（出典）厚生労働省：『割増賃金の基礎となる賃金とは？』

また，「家族手当」と称しても，家族の人数にかかわりなく一律に支給するような場合は除外できないため，注意が必要です。

家族手当，通勤手当，住宅手当について，除外できる手当の具体的範囲は，次のとおりです。

【除外できる手当の具体的範囲について】

① 家族手当 割増賃金の基礎から除外できる家族手当とは，**扶養家族の人数またはこれを基礎とする家族手当額を基準として算出した手当**をいいます。		
具体例	除外できる例	扶養家族のある労働者に対し，家族の人数に応じて支給するもの。 （例）扶養義務のある家族１人につき，１か月当たり配偶者１万円，その他の家族５千円を支給する場合。
	除外できない例	扶養家族の有無，家族の人数に関係なく一律に支給するもの。 （例）扶養家族の人数に関係なく，一律１か月１万５千円を支給する場合。
② 通勤手当 割増賃金の基礎から除外できる通勤手当とは，**通勤距離または通勤に要する実際費用に応じて算定される手当**をいいます。		
具体例	除外できる例	通勤に要した費用に応じて支給するもの。 （例）６か月定期券の金額に応じた費用を支給する場合。
	除外できない例	通勤に要した費用や通勤距離に関係なく一律に支給するもの。 （例）実際の通勤距離にかかわらず１日300円を支給する場合。

③ 住宅手当 割増賃金の基礎から除外できる住宅手当とは，**住宅に要する費用に応じて算定される手当**をいいます。		
具体例	除外できる例	住宅に要する費用に定率を乗じた額を支給するもの。 (例) 賃貸住宅居住者には家賃の一定割合，持家居住者にはローン月額の一定割合を支給する場合。
	除外できない例	住宅の形態ごとに一律に定額で支給するもの。 (例) 賃貸住宅居住者には２万円，持家居住者には１万円を支給する場合。

（出典）厚生労働省：『割増賃金の基礎となる賃金とは？』

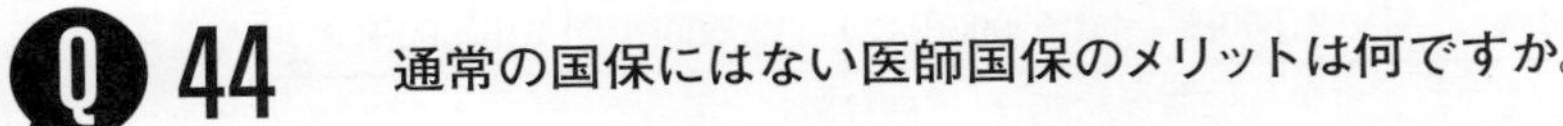

Q44　通常の国保にはない医師国保のメリットは何ですか。

次の３つがあげられます。

① 医師本人だけでなく従業員や家族も加入できる
② 法人化した場合は加入資格を引き継げる
③ 保険料の事業主負担がない

(1) 医師本人だけでなく従業員や家族も加入できる

「医師国保」と聞くと，医師ではない医療スタッフや事務員は加入できないと（従業員スタッフが）誤認していることがありますが，そのクリニックの従業員であれば加入できます。ただし，家族については，税法上の扶養親族となっていても，住民票が別世帯の場合は加入できません。

【保険料額】

<table>
<tr><th rowspan="3">種別</th><th colspan="3">医療保険料</th><th rowspan="3">介護保険料
(40歳〜64歳の方)</th><th rowspan="3">後期高齢者
組合員保険料
(75歳以上の方)</th></tr>
<tr><th>①</th><th>②</th><th>①＋②</th></tr>
<tr><th>医療給付費
保険料</th><th>後期高齢者
支援金等
保険料</th><th>合計</th></tr>
<tr><td>第１種組合員</td><td>27,500円</td><td>5,000円</td><td>32,500円</td><td>5,500円</td><td>—</td></tr>
<tr><td>第２種組合員</td><td>13,500円</td><td>5,000円</td><td>18,500円</td><td>5,500円</td><td>—</td></tr>
<tr><td>第３種組合員</td><td>—</td><td>—</td><td>—</td><td>—</td><td>1,000円</td></tr>
<tr><td>第４種組合員</td><td>—</td><td>—</td><td>—</td><td>—</td><td>1,000円</td></tr>
<tr><td>家族</td><td>7,500円</td><td>5,000円</td><td>12,500円</td><td>5,500円</td><td>—</td></tr>
</table>

（出典）東京都医師国民健康保険組合：『保険料について』

【医師国保の加入要件】

<table>
<tr><th></th><th>種別</th><th>要件</th></tr>
<tr><td rowspan="3">75歳未満の方</td><td>第１種組合員
（医師）</td><td>開業医・勤務医等
・東京都医師会会員である医師
・医療・福祉の事業または業務に従事していること
・規約に記載の住所地に住民票がある方※
＊新規加入時に既に法人事業所を開設している場合は加入できません。</td></tr>
<tr><td>第２種組合員
（従業員）</td><td>看護師・医療事務等
・第１種組合員・第３種組合員に雇用されている従業員
・常勤または常勤に準ずる方
・規約に記載の住所地に住民票がある方※
＊東京都医師会会員の医師は、勤務医師であっても第１種組合員として加入していただきます。</td></tr>
<tr><td>家族</td><td>・組合員と住民票上同一世帯に属する方
・健康保険、共済組合、他の国保組合等に加入していない方
＊修学中で住民票が別世帯のご家族についてはこちらをご覧ください。</td></tr>
</table>

75歳以上の方	第３種組合員（医師）	開業医・勤務医等 ・東京都医師会会員である医師 ・医療・福祉の事業または業務に従事していること ・規約に記載の住所地に住民票がある方※ ＊新規加入時に既に法人事業所を開設している場合は加入できません。
	第４種組合員（従業員）	看護師・医療事務等 ・第１種組合員・第３種組合員に雇用されている従業員 ・常勤または常勤に準ずる方 ・規約に記載の住所地に住民票がある方※

（出典）東京都医師国民健康保険組合：『組合員の資格について』

(2) 法人化した場合は加入資格を引き継げる

具体例としては，個人クリニックから医療法人へ移行したケースになります。法人の場合は，まったく報酬が発生していないという極めて限定的な例を除き，社会保険（健康保険・厚生年金保険）への加入が義務付けられます。その場合でも，院長，従業員を含めて，年金事務所へ健康保険の**「適用除外承認申請」**を手続きすることで，医師国保に残ることができます。

(3) 保険料の事業主負担がない

社会保険では，保険料を事業主と加入者で折半しなければなりません。医師国保では，通常の国保や国民年金と同様に**「事業主負担分」がない**ことから，経営的には人件費を抑える（なかには，保険料相当額を手当として付与しているクリニックもあります）ことができます。

Q45 通常の国保にはない医師国保に特有のデメリットは何ですか。

A 特有のデメリットは，「自家診療」の制限です。自家診療は，原則的に保険給付の対象にはなりません。

自家診療とは，自己の開設または勤務するクリニック等で本人や従業員に対する診療を行うことです。都道府県によっては，緊急の場合や地域的な状況（地方によっては周囲にクリニックがない）という条件付きで給付が行われることもありますが，経済的側面および倫理的側面から制限が課せられています。自家診療の請求が判明した場合は，その時点から遡及して診療報酬明細書（調剤を含む）を返戻されることになります。

●自家診療を認める基準（規約第15条及び規約取扱規則第17条以降参照）
1．緊急真にやむを得ないと理事会が認めたとき
2．自家診療特認医療機関の指定を受けたとき
3．国民健康保険法第56条の規定による他の法令による医療に関する給付を受けることができるとき。
　ただし，国民健康保険法による給付が優先するときは除く。
4．次に掲げる疾病の診察において，発熱外来認定医療機関が行政検査としてPCR検査又は抗原検査を行う場合。
　(イ) COVID-19
　(ロ) COVID-19疑い

（出典）北海道医師国民健康保険組合：『自家診療の制限』

また，医師国保は，**「世帯ごと」の加入が原則**であるため，たとえば，同居の家族が国保に加入している場合は，医師国保に変更しなければなりません。また，（通常の国保と同様ですが）「扶養」の概念がありませんので，扶養親族が増える（子供が生まれたなど）と保険料が増えることになります。すなわち，生後間もない赤ちゃんも「家族」の区分として加入しなければなりません。

自分や家族が受診をする場合に，（開業も間もない頃は，多忙であることなどから）業務終了後あるいは業務の合間に自己が開設または勤務するクリニック等で受診することで相当な時間の節約にもなりますが，保険給付の対象外になりますので，他のクリニック等へ赴いて受診することになります。もちろん第一に優先されるべきは人命ですので，緊急時は自己が開設または勤務するクリニック等で受診する選択肢もありますが，予め所属する各都道府県の医師国保組合へどのような場合に自家診療が認められるのかを具体的に確認しておくことが，経営的にも倫理的にも望ましいでしょう。

Q 46

医師国保は，世帯全員が加入しなければならないとのことですが，同居する長男が４月から大学病院で初期臨床研修医となり，社会保険に加入します。

その場合は，どのようにしたらいいですか。

また，次男は地方の医学部学生のために住民票も別世帯ですが，どのようにしたらいいですか。

A

社会保険の加入者は，除いて考えます。別世帯の家族でも，一定の要件を満たせば加入が認められます。

修学のために住民票が異なる家族のうち，修学していないとすれば組合員と同一世帯に属すると認められる場合は，医師国保に加入することができます。就学地で結婚し世帯を有している場合や，学生であったとしても就労によって独立した生計を立てていると判断される場合は，加入できません。

社会保険については，卒業や退学によって組合員と同一世帯に戻った場合は引き続き医師国保に加入できますが，同一世帯に戻らない場合や同一世帯に戻っても就職によって社会保険に加入する場合は，医師国保は資格喪失となります。

（手続きの一例）
① 住民票を同一世帯に戻す……引き続き医師国保に加入できる
② 卒業後住民票が別世帯のまま……医師国保は資格喪失する
③ 就職等によって社会保険に加入……医師国保は資格喪失する

また，国民健康保険法116条で規定しているのは，あくまで学校教育法に規定する学校や専修学校，これらの学校等と同程度の教育を実施する教育機関です。保育所等は学校教育法ではなく，児童福祉法で認められている児童福祉施設ですので，国民健康保険法116条には該当しないと考えられています。

参考：国民健康保険法第116条
（修学中の被保険者の特例）
　修学のため一の市町村の区域内に住所を有する被保険者であって，修学していないとすれば他の市町村の区域内に住所を有する他人と同一の世帯に属するものと認められるものは，この法律の適用については，当該他の市町村の区域内に住所を有するものとみなし，かつ，当該世帯に属するものとみなす。

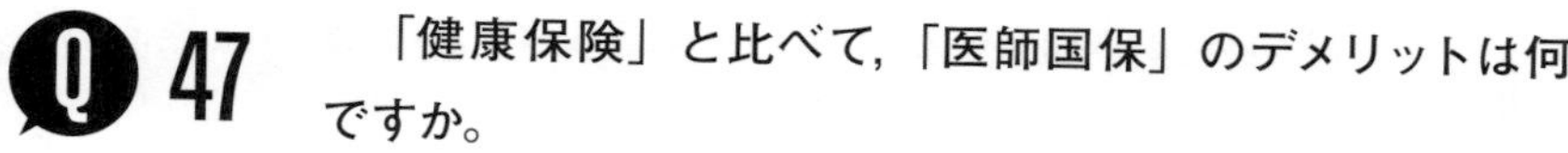

Q47 「健康保険」と比べて，「医師国保」のデメリットは何ですか。

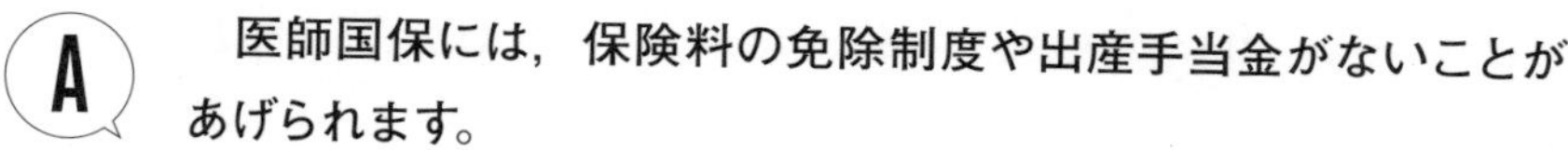

A 医師国保には，保険料の免除制度や出産手当金がないことがあげられます。

「健康保険」における保険料の免除制度は，たとえば従業員が産休や育休に入った場合に，社会保険料が免除されます。女性が比較的多く活躍する医療業にとって，産休や育休は珍しい話ではありません。この免除制度は，従業員負担分だけでなく，事業主負担分や全額事業主が負担する子ども子育て拠出金も免除されます。また，免除期間は従業員が将来年金を受け取る場合にも，保険料を払った期間と同様に扱われる（保険料を納めていなくても年金は減額されない）こと，さらに被保険者証も扶養親族を含めて免除されていない期間と同様に使えますので，デメリットがありません。

「出産手当金」は，出産日以前42日（多胎妊娠の場合は98日）から出産日の翌日から56日までの範囲内で，仕事を休み給与の支払いがなかった期間に対して概ね給与相当額の６割程度が給付されます。なお，出産が予定日より後になった場合には，出産予定日から考えます。出産手当金は女性のみしか受給できませんが，傷病手当金は性別を問わず受給の可能性が出てきます。

「傷病手当金」は，業務とは因果関係のない病気やけが（何らかの疾病に罹患したなど）のために就労ができず，クリニック等を休んだ日が連続３日間あったときの４日目以降に対して支給されます。ただし，休んだ期間にクリニック等から傷病手当金額よりも多い報酬を受けた場合には，傷病手当金は支給されません。医療従事者は，業務中に仕事を休まざるを得ない程度の病気に罹患する可能性もあり（その場合は健康保険ではなく，労災保険の範疇にはなりますが），また家庭内で生活を共にする子供から感染するケースも少なくありません。

「医師国保」には，これらの保険料免除制度や原則として出産手当金，傷病手当金（都道府県によっては給付対象となる場合もあり）もありません。したがって，既存の従業員や求人の点からは，「健康保険」のほうが安心感があります。

Q48

開業医としてクリニックを経営しています。従業員ではない私には，定年はありません。

その場合は，いつまで社会保険に加入しなければならないのですか。

A

厚生年金保険は70歳まで，健康保険は75歳までです。医師国保は，都道府県によって取り扱いが異なります。

厚生年金保険は，**誕生日の前日が資格喪失日**となりますので，厚生年金保険料については，仮に４月２日が誕生日の場合は４月１日が資格喪失日になります。社会保険料の徴収は，資格喪失日の属する日の前月までですので，３月分（４月末の納付分）で徴収が終了になります。

健康保険料も，保険料徴収の考え方は，**原則として同じ**です。70歳以後も同一のクリニックで継続して就労する場合は，「被保険者」ではなくなりますが，「被用者」という扱いに「衣替え」することになります。70歳の誕生日以後も健康保険の加入者であり続けます。

ただし，医師にとって最も直面することが多い在職老齢年金制度による老齢厚生年金の全部または一部の支給調整の対象でもあり続けるということです。誤解が多い部分として，あくまで在職老齢年金制度による支給調整は老齢厚生年金に限ったことであり，１階部分の老齢基礎年金や同じ２階部分であっても遺族厚生年金には何ら影響しません（年金をカットされるようなことはない）。

他方，**従業員**は，週20時間以上の雇用契約を締結する場合は雇用保険に加入し，保険料は働き続ける限り（もちろん賃金が発生していることが前提）徴収され続けます。院長は，純然たる代表者であれば雇用保険には加入できませんので，雇用保険料が徴収されることはありません。

Q49 開業医には定年がないので，65歳を過ぎても当分は働く予定です。

年金は繰り下げようと思いますが，どれくらい増額になりますか。

A 厚生年金保険に加入中で，かつ，高額報酬の場合は，繰り下げても増額しない可能性があります。

厚生年金保険に加入中か否かで，まったく考え方が異なります。65歳から支給される老齢年金には，**「老後の所得保証」**という考え方があります。そのなかでも，主に会社員や会社役員が加入する厚生年金保険制度は「労働者年金保険」と呼ばれていた時代もあることから，現行の厚生年金保険法では，一定以上の収入があれば年金の支給を停止する仕組み（**在職老齢年金制度**）が導入されています。

「支給停止」という文言がミスリードになって，そのときに停止された年金はその後に収入が減ったタイミングで給付されるように思われがちですが，**実態は「カット」**になります。

在職老齢年金によってカットされる水準を確認すると，原則的な計算式は次のようになります。

（基本月額 ＋ 総報酬月額相当額 － 基準額）÷ 2
＊　基本月額 ＝ 老齢厚生年金 ÷ 12

具体的には，65歳まで（65歳到達月分まで）については「基本月額」とは「特別支給の老齢厚生年金÷12」となり，65歳以降（65歳到達月の翌月分以降）については「老齢厚生年金（報酬比例部分）÷12」となります。

なお，65歳前後を通じて変更がない部分として，厚生年金基金分がある場合は，基金代行額も含めて計算されます。

総報酬月額相当額 ＝ 標準報酬月額 ＋ その月以前の１年間の標準賞与額の総額 ÷ 12

70歳以上の方についての総報酬月額相当額も上記の算式を基に考えられており，「標準報酬月額に相当する額＋その月以前１年間の標準賞与額に相当する額の総額÷12」となります。

基準額 ＝ 47万円（年度によって変動する場合あり）

在職老齢年金の基本的な考え方は，「基本月額と報酬（賞与を含む）の合計額が基準を超えた場合は，超えた部分の半分の年金をカットする。」ということです。よって，原則として賞与の支給がない役員の場合は，毎月同額の役員報酬を支給することになり，ある程度の見込みはたつものの，経営者から世代交代等によって，従業員となって賞与が出るようになった場合は，「その月以前１年間の標準賞与額」が在職老齢年金の支給調整対象となることから，予想に反してカットされてしまったという声もあります。月収や年収だけでは（基本月額を把握していなければ），どの程度の年金が受給できるのかはわからないということです。

また，繰り下げた場合に１か月当たり0.7％の増額があるのは，通常どおり繰り下げずに受給していた場合に受給できる部分に対しての増額率が適用されますので，たとえば全額支給停止されているような場合は，繰り下げたからといってもまったく増額しないことがあります。

なお，１階部分である老齢基礎年金については，在職老齢年金制度自体がないので，収入が多いという理由でカットされることはありません。

Q 50　私自身のクリニック以外からも複数の収入があります。その場合には，年収を下げないと年金はカットされますか。

A　**「年収」によって年金のカット額が決まるわけではありません。「基本月額」と「総報酬月額相当額」で決まります。**

厚生年金保険に加入する医療法人の経営者等の場合は，自身の医療法人からの役員報酬だけではなく，複数の収入（たとえば，外勤先の医療機関からの収入や不動産収入）があるケースも珍しくありません。

注意点としては，そもそもカットの対象となる**「総報酬月額相当額」**の対象は「標準報酬月額」や「標準賞与額」であり，これらの算定に含まれない収入がいくらあっても「総報酬月額相当額」は変動しません。すなわち，これらの報酬に直接的に関係のない収入は影響がありません。

厚生年金保険法上の「報酬」とは，あくまで「労働の対価」と定義されています。たとえば，役員としてではなく株主として受けた株式の配当等は，もちろん労働の対償ではありませんし，医師の場合に多くあてはまる「厚生年金保険の適用事業所ではない」個人クリニック等からの外勤収入も，「標準報酬月額」，「標準賞与額」にはまったく影響しません。

在職老齢年金制度は，「年収」と「年金」の調整ではありませんので，「基本月額」と「総報酬月額相当額」によって決まります。よって，厚生年金保険に加入中で，これから少しでも多くの年金を受け取りたい場合は，「基本月額」を下げることはできませんので，「総報酬月額相当額」を下げることになります。選択肢としては，厚生年金保険法上の報酬や賞与にあたらないものの活用ができないかを検討することが肝要です。

Q51 自身で在職老齢年金を考慮して計算してみましたが，どうしても支給額が合いません。
どのような原因が考えられますか。

A 基本月額の算定にあたっては，含める必要のないものが含まれていることが多いです。

「基本月額」については，65歳到達月の分までであれば，「特別支給の老齢厚生年金÷12」で算出できます。また，65歳到達月の翌月以降分であれば，「老齢厚生年金（報酬比例部分）÷12」で算出できます。

後者についてのよくある勘違いには，次のものがあります。

① 配偶者が年下である場合に「加給年金」を含めているケースがありますが，加給年金は含めずに算出します。

② 老齢厚生年金の経過的加算部分※も含めずに算出しなければなりません。

※ 老齢基礎年金は，20歳から60歳までの保険料納付実績等に応じて老齢基礎年金額が決定します。これは，老齢基礎年金に反映することができない部分を老齢厚生年金に上乗せする金額です。
60歳定年後も厚生年金（国民年金の第２号被保険者）に加入中では，老齢基礎年金には反映することができないために，老齢厚生年金に「経過的加算」として反映します。

③ 65歳から70歳の間で，年金額が改定されたにもかかわらず，その改定によって増額した分を反映せずに算出されているケースも散見されます。他方，繰り下げ加算額（老齢厚生年金を繰り下げたことによる増額分）は含めずに算出する必要があります。また，１階部分である国民年金から支給される老齢基礎年金も含めません。

④ 私学共済等の共済組合員であった期間については，老齢厚生年金，共済組合員の期間分は退職共済年金（報酬比例部分に相当）として扱われますが，これは双方合算して基本月額を算出しなければなりません。

なお，今後は**「在職定時改定」**により，年に１度はこれまでに納めている保険料を年金額に反映する制度が導入されています（旧来は厚生年保険の資格を喪失するまで老齢厚生年金額は改定されていなかった)。これ自体は，より早期に保険料の納付実績が年金額に反映されることになるため，メリットには違いありません。ただし，医師の場合は，受給する年金額によっては，より早期に基本月額が上昇したことで，在職老齢年金の支給停止にかかってしまうという由々しき問題があります。

Q52　自身で在職老齢年金を考慮して計算してみましたが，どうしても支給額が合いません。どのような原因が考えられますか。

A　「総報酬月額相当額」の算定が適切でないケースが多いです。

「総報酬月額相当額」とは，「厚生年金適用事業所」から受け取る報酬等を月額換算した額です。ここで用いなければならないものは，厚生年金適用事業所で決定している（毎月の保険料算定の基礎となっている）標準報酬月額とその月以前１年間の標準賞与額の総額を12で除した額です。

筆者の経験した事例では，標準報酬月額を用いなければならないところで「報酬月額」が用いられていたケースです。たとえば，「標準報酬月額」が620,000円の方の場合は，毎月の「報酬月額」は605,000円以上635,000円未満の欄になります。この場合は，「総報酬月額相当額」で用いるべきものは620,000円の「標準報酬月額」でなければなりませんが，前後の報酬月額を用いて計算してしまうと，この時点で計算が合わなくなって当然です。

標準報酬月額は，一定の金額帯の標準となる指標であることを押さえておく必要があります。また，標準月額は，便宜的に標準報酬月額620,000円を用いる場合には605,000円「以上」635,000円「未満」となっているため，毎月の報酬が「635,000円」の場合の「標準報酬月額」は650,000円になります。ここを誤ってしまうと，月々の保険料計算も正しい数字で計算されないことになりますので，クリニック等内での給与計算上も会計処理上も注意が必要です。

標準報酬月額は，最低でも年に１度は見直しが行われます。これは，毎年４月から６月に支給されている報酬を所轄の年金事務所に報告し，毎年９月から，実態に合致した標準報酬月額にするためです。そこで，（結果的に等級の変更がなければ，問題にはなりませんが）従前の等級で算定されているケースも散見されます。他の事例としては，仮に賞与を支給する場合は，「その月以前１年間」の標準賞与額で算定すべきところ，（算定対象外である）前年度の期間の標準賞与額を含めているケースや標準賞与額ではなく賞与の実支給額を含めていたというケースも散見されます。

また，医師の場合は，開業医，勤務医を問わず，複数の医療機関で診療業務に携わることは少なくありません。在職老齢年金によって支給調整対象となるのは，あくまで「厚生年金適用事業所」から受け取る報酬等を月額換算した額ですので，厚生年金非適用事業所から受け取る報酬は課税対象ではあっても，在職老齢年金の支給調整対象にはなりません。これらの報酬を含めてしまうと，多くの場合，全額支給停止となっても不思議ではありません。仮にその場合であっても，１階部分の老齢基礎年金には影響を及ぼしません。

個人クリニックを開業した場合は，院長は国民年金になるようですが，年金額を増やすには，どのような選択肢がありますか。

iDeCo等，次の３通りの選択肢があります。

① iDeCo
② 付加年金
③ 国民年金基金

国民年金のみの加入では，40年間漏れなく保険料を納付したとしても老齢基礎年金は月額64,816円（令和４（2022）年度）になり，心許ない額といえます。もちろん，法人化することで厚生年金へ加入して年金額を増やすことは可能ですが，医療業として開業する場合は，高額な医療機器の導入等で既に相当な費用が生じていることを考えると，事業主としてさらに支出が増える法人化（たとえば，社会保険料は従業員が加入する分であっても「事業主負担分」が生ずる）は，（もちろん将来的に検討することはあっても）当初からというケースは多くありません。そのため，院長自身が対象となる国民年金第１号被保険者については，自身の老後の備えになる「＋αの年金」として，次の選択肢があります。

⑴ iDeCo

iDeCo自体は，国民年金第１号被保険者でない勤務医等であっても加入することはできますが，国民年金第１号被保険者は最も多くの掛金額を納付することができます。もちろん，iDeCoの根拠となる確定拠出年金法の趣旨として，**「自己の責任」において「運用の指図」をする**仕組みであることから，多くの掛金を納めたからといって必ずプラスになるとはいえません。しかし，納めた掛金が多いほど年末調整や確定申告時に**小規模企業共済等掛金控除**として高い節税効果がある点は，少なくとも毎年１度は実感できるメリットといえます。

⑵ 付加年金

国民年金の第１号被保険者が対象となるもので，国民年金の保険料に加えて月額400円の「付加保険料」を納めることで，老齢基礎年金と併せて受給できる**「付加年金」**があります。受給時には「200円×付加保険料を納めた月数」で計算された年金が受け取れることから，「２年で元が取れる年金」といわれることがあります。iDeCoとは異なり，国民年金の第１号被保険者に限って加入できる制度です。

たとえば，医療法人へ移行後に厚生年金保険の被保険者となった場合は，国民年金第２号被保険者となるため，継続して加入することはできなくなります。なお，⑶の国民年金基金に加入している場合は，付加年金に加入することはできません。納付した付加保険料は，年末調整や確定申告時に国民年金保険料と同様に**全額が「社会保険料控除」**として申告できます。

注意点としては，老齢基礎年金を繰り上げ請求または繰り下げ請求した場合には，付加年金も同時に減額率・増額率が適用され増減額されます。

⑶ 国民年金基金

国民年金第１号被保険者の上乗せ制度として，国民年金第１号被保険者のみが加入できる制度です。掛金の上限は月額68,000円で，**全額が社会保険料控除**の対象になります。年金としては，終身年金と確定年金に分かれています。

さらに，それぞれの特徴を勘案し，「複数を組み合わせて加入することはできますか。」という相談もあります。

⑴ iDeCoと付加年金

併用は，可能です。掛金は，合計で月額68,000円になります。

ただし，iDeCoは掛金が1,000円単位でしか選べませんので，付加年保険料

400円を考慮するとiDeCoの掛金上限額は67,000円になります。

⑵　国民年金基金と付加年金

併用は，できません。

国民年金基金には，そもそも付加年金部分を含んでいるため，併用という概念が存在しません。

⑶　iDeCoと国民年金基金

併用は，可能です。掛金は，合計で月額68,000円になります。

ただし，国民年金基金は２口目以降の掛金変更は可能であるものの，１口目をゼロにすることはできないなど，いくつかの制約があります。

Q 54　自身が経営するクリニックの福利厚生を強化するために，iDeCo＋の導入を検討しています。自分自身も含めて，どのようなメリットがありますか。

A　iDeCoの掛金をクリニックからも上乗せして拠出ができるため，それぞれの年金を増やす努力ができます。また，クリニックが拠出した掛金は，全額が損金に算入できます。

iDeCoとは別の制度である**iDeCo＋**は，事業主や従業員が加入するiDeCoの掛金をクリニックが一定割合を負担することで，事業主や従業員の掛金拠出負担を緩和しながら，クリニックが拠出した掛金の全額が損金に算入できる税制面のメリットもあります。

iDeCo＋への加入要件は，次の５つのポイントです。

（事業主要件）

○　企業型確定拠出年金，確定給付企業年金，厚生年金基金を実施していない事業主

○　従業員数が300人以下（同じ事業主が複数の事業所を営んでいる場合は全事業所の合計従業員数が300人以下）

（拠出対象者）

○　iDeCoに加入していること

○　事業主掛金を拠出されることに同意していること

○　拠出対象者に一定の資格を設けることは可能

（掛 金 設 定）

○　加入者掛金と事業主掛金の合計額は月額5,000円以上23,000円以下

○　加入者と事業主はそれぞれ1,000円単位で決定可能

○　加入者掛金を０円にすることはできない

○　事業主掛金が加入者掛金を上回ることは可能

（納 付 方 法）

○　加入者掛金と事業主掛金を事業主がとりまとめて納付する

（労 使 合 意）

○　事業主掛金を拠出する場合に労働組合または労働者の過半数を代表する者の同意が必要

○　掛金額を変更する場合も同様に同意が必要

Q 55　勤務医の時代は，企業年金が整備されていました。開業医になり，企業年金について調べています。どのようなメリットがありますか。

A　企業年金は，DB（確定給付企業年金）よりもDC（企業型確定拠出年金）での検討をおすすめします。

規模にもよりますが，企業年金よりもiDeCo＋のほうが導入しやすいです。

企業年金には２種類あり，１つめは**DC**といわれる**企業型確定拠出年金**，２つめは**DB**といわれる**確定給付企業年金**です。

DCは，毎月の拠出額が確定しているものの，将来受け取る年金は加入者の運用実績に応じて異なるのに対し，DBは，将来受け取る給付額が確定している年金です。企業型DCを導入できる事業所の要件は，厚生年金保険適用事業所であることです。iDeCo＋と異なり，規模に制限はありません。

小規模クリニックでは，特に将来的な給付を約束する**DBよりもDCのほうが導入しやすい**といえます。理由としては，DCは新規導入にあたっての財政チェックが厳しいことがありますが，万が一，実際の運用が大きく下回るような局面を迎えてしまうと，DBは現金で補填しなければならず，制度の維持がクリニックの存続にまで発展してしまうためです。

企業型DCの拠出可能額は，月額55,000円と定められており，DBまたは厚生年金基金を併用する場合は月額27,500円です。事業主が拠出した掛金は，全額が損金として扱われます。掛金は給与とは異なることから，社会保険料の算定には含まれません。掛金の拠出は規約で定めることができ，令和４（2022）年の法改正によって70歳まで可能になっています。

よくiDeCo＋と比較されることもある企業年金です。企業年金は，導入費用とランニングコスト（従業員に対する投資教育の実施も含む）があり，iDeCo＋よりも時間と費用がかかる傾向にあります。また，金融機関によっては企業型DCの導入にあたり，一定以上の人数がいることを要件とするケースもあります（法律上は，そのような制限はなし）。

Q 56 確定拠出年金の加入可能年齢は，どのようなルールになっていますか。また，具体的な注意点も教えてください。

A 加入可能な年齢は，企業型は70歳，個人型（iDeCo）は65歳までに引き上げられています。任意加入の資格がなくなると，厚生年金に入らない限り，iDeCoを続けられなくなります。

令和４（2022）年５月以降，企業型DCの加入可能年齢は65歳から70歳に引き上げられています。旧来，企業型DCの加入者は，厚生年金保険被保険者のうち65歳未満の方に限定されていました。また，60歳以降は，60歳前と同一事業所に継続して勤務している場合に限定されていましたが，（DBにはこのような制約はなかったため）DBとの整合性を図るために引き上げが行われた背景があります。

また，iDeCoについても，65歳に引き上げられています。旧来，国民年金被保険者（１～３号）であり，60歳未満の方に限定されていましたが，60歳以上の就労者数の増加を勘案し，国民年金の被保険者（任意加入も含む）である間であれば加入可能とされています。

任意加入でありながらiDeCoを継続する場合には，注意点があります。そもそも任意加入は20歳から60歳の間に未納等があり，当該期間の上限である480か月に満たすまで任意に加入できる制度です。よって，480か月を満たした場合など任意加入被保険者でなくなった場合は，iDeCoに継続して加入できなくなります。かつ，任意加入被保険者の資格がない期間に拠出していた掛金は，還付に係る手数料を差し引かれたうえでの還付となります。

それでもiDeCoを継続したい場合は，たとえば，厚生年金保険に加入することで国民年金第２号被保険者となることから，iDeCoに加入することはできます。

その他の注意点としては，加入資格の変更があった場合（たとえば，勤務医時代は国民年金第２号被保険者であったが，開業医となり国民年金第１号被保険者となった）には，変更の手続きが必要です。また，これまで「海外居住者」はiDeCoに加入できませんでしたが，令和４（2022）の法改正によって任意加入していればiDeCoには加入できるようになっています。

Q 57　令和６（2024）年10月以降に，社会保険の加入者の範囲が拡大するようです。従業員ではなく，開業医自身にとっては，どのような影響がありますか。

A　ご自身のクリニック等と外勤先の医療機関の両方で，社会保険に加入しなければならなくなる可能性があります。

次の要件のいずれも満たしている場合には，社会保険の加入が義務になります。

①　１週間の所定労働時間が正社員の４分の３以上
②　１か月の所定労働日数が正社員の４分の３以上

一般的には，週の労働時間は40時間になりますが，小規模クリニックは週44時間になります。後者は特例対象事業といい，常時10人未満の労働者を雇用するクリニック等が対象です。便宜上，週の労働時間が40時間のクリニックは，週30時間以上の労働時間であれば社会保険の加入対象になります。よって，自身のクリニックと外勤先でそれぞれ30時間の労働契約を結ぶのであれば，理論上対象にはなりますが極めて非現実的です。また，開業医であって経営者も兼ねる場合には，そもそも労働時間の概念がありませんので，役員として報酬を得る場合は社会保険に加入しなければなりません。

他方，社会保険の適用拡大が段階的に進められており，次の５つの要件をすべて満たしていると，社会保険の加入対象者になります。

① 週の所定労働時間が20時間以上であること
② 賃金の月額88,000円以上であること
③ 雇用期間が２か月を超える見込みであること
④ 学生でないこと
⑤ 被保険者の総数が101人以上（2024年10月～51人以上）

開業医は，自身で経営するクリニックにおいて役員として社会保険に加入しており，外勤先が適用拡大の対象医療機関であれば，理論上週に20時間の労働契約であっても社会保険の加入が義務付けられます。「労働者」であれば，双方の医療機関で，20時間ずつの労働契約の場合は両方で加入になります。この時点で週40時間の労働契約となり，法律上の法定労働時間の上限である40時間と同等になりますが，役員の場合は労働時間の概念がないため，外勤先の医療機関があることによって，適用拡大の影響を受ける可能性は労働者よりも高い確率であります。

Q 58 自身が経営する医療法人と外勤先の医療機関の両方で社会保険に加入することになりました。この場合の保険料は，どのように算定されますか。

A　保険料は，それぞれの医療機関で受ける報酬月額を合算した月額によって計算され，両方の事業所に按分されます。

ご自身が経営する医療法人から受ける報酬月額と外勤先の医療機関から受ける報酬月額がある場合には，それぞれを合算して標準報酬月額を算出します。標準報酬月額が決まれば自動的に保険料も算出できますが，両方の事業所から保険料の徴収が行われますので，按分計算されます（都道府県をまたぐ場合は時間がかかることが多い）。保険料の決定後は，事業所の所在地を管轄する日本年金機構の事務センターから通知されます。

そこで，「**保険証が２枚存在する**ことになるのか。」ということになりますが，事実発生から10日以内に被保険者自身が**「健康保険・厚生年金保険　被保険者所属選択・二以上事業所勤務届」**を日本年金機構へ提出することによって，**主たる事業所を選択する**ことになります。よって，選択しなかった事業場の保険証は使えないようになります。どちらを選択するかは被保険者自身が選択でき，給与額が少ない方を選択することも可能です。

なお，**役員の被保険者の考え方**については，次の６つの要件があります。

①　定期的な出勤の有無
②　役員会への出席の有無
③　従業員に対する指示監督状況
④　役員との連絡調整状況
⑤　法人に対してどの程度の意見を述べ，影響を与える立場にあるか
⑥　法人からの報酬支払いの実態

よって，形式的に役員と称していても実態がない場合は，当然，被保険者に

は該当しません。

自身が経営する医療法人と外勤先の医療機関の両方で社会保険に加入中です。
報酬が変わった場合は，どのようになりますか。

報酬に変動があった事業所のみが手続きをし，保険料は再度按分計算されます。

外勤先の医療機関の労働契約で固定的賃金に変動があったとすると，外勤先が固定的賃金変動後３か月間の報酬の平均額を算出し，外勤先の標準報酬月額と比較して**２等級以上の変動**があれば，**月額改定届の届出が必要**になります。医療法人に対しては，医療法人から支払われる報酬月額との合算額によって新たな標準報酬月額が決定され，それぞれの事業所が負担する保険料額が決まります。

医師は高報酬層に位置することもあり，２か所以上の勤務に限定されず，最高等級へ１等級のみ上がった場合でも月額改定の対象になります。具体的には，厚生年金保険の31等級（620,000円）から32等級（650,000円）への改定，健康保険の49等級（1,330,000円）から50等級（1,390,000円）の場合です。

Q60 自身が経営する医療法人と外勤先の医療機関の両方で社会保険に加入しています。外勤先で賞与が支払われた場合は，どのようになりますか。

A 賞与を支払った事業所のみが手続きをし，保険料は再度按分計算されます。

賞与が支払われる外勤先の医療機関で賞与支払報告を届出し，賞与が支払われると同時に保険料は徴収されます。両方の事業所で賞与が支払われる場合は，**「支給月が異なる場合」**には按分されません。それぞれの事業所で賞与支払報告の届出をし，当該賞与から保険料が徴収されます。

次に，**「同じ月に支払われる場合」**は，それぞれの事業所ごとに賞与支払報告を届出し，年金事務所で受理された後に各事業場へ保険料按分後の決定通知書が送付されてきます。

賞与の場合は，毎月の給与とは異なり，事前の通知書がありません。賞与を支払う段階で保険料を控除せざるを得ませんので，按分後の保険料の把握は困難なため，一旦は通常の保険料を徴収し，後日送付される決定通知書をもとに保険料の調整を行うという運用になります。

賞与も年金額に反映されるようになっていますので，賞与支払報告の**届出漏れは「年金額」の面でも不利**に働きます。

第4章　医師が注意すべき老齢年金

Q 61

通常どおりに受給，または繰り上げ，繰り下げは，何を基準に判断すべきですか。

いまは，夫婦ともに65歳受給開始でよいと考えています。

A

次の３つの判断基準によって選択するのが一案です。

判断基準に絶対的な正解はありませんが，次の３つを基準にするのがよいでしょう。

① 平均余命と健康寿命
② 加給年金
③ 在職老齢年金

(1)　平均余命と健康寿命

医師の方に説明するのは憚られますが，まず平均余命と健康寿命は分けて考えるべきです。

平均余命は，令和４（2022）年の男性の平均余命は81.05年，女性は87.09年と発表されています。**健康寿命**は，健康上の問題で日常生活が制限されることなく生活できる期間です。いわば「楽しくお金を使える期間」ともいえます。

法律上の上限である75歳まで繰り下げたものの，健康寿命が残りわずかな状況では，後悔が残ることでしょう。

(2) 加給年金

厚生年金保険に20年以上加入していて，65歳到達時に生計を維持する65歳未満の配偶者または18歳年度末に達する前の子（障害状態にある場合は20歳未満）がいる場合は，老齢厚生年金に一定の加算がされます。なお，「生計を維持する」とは，加給年金対象者（配偶者や子）が次のいずれの要件も満たしていることを指します。

○　生計を同じくしていること（同居している，別居していても仕送りをしていることや健康保険の扶養親族等であること）
○　前年の収入が850万円未満であることまたは所得が655万5,000円未満であること

ご相談の「いつから受給開始すべきか。」に戻ると，たとえば，厚生年金を繰り下げ受給する場合は，その間は（本体部分が支給されていないことから）加給年金を受給することはできません。令和４（2022）年度における加給年金の金額は，配偶者については223,800円，１～２人までの子については223,800円，３人目以降の子については74,600円です。また，配偶者の加給年金には，生年月日に応じて33,100円から165,100円（令和４年度）の特別加算がつきますので，繰り下げ加算額（１か月当たり0.7%は銀行の利率に比べて明らかに魅力的です）と比較すると，通常どおり65歳から受給して加給年金も受給したほうが得なケースは少なくありません。

ただし，(3)の在職老齢年金制度によって老齢厚生年金がまったく支給されない場合は，加給年金も支給されないという点は押さえておくべきです。

⑶　在職老齢年金

厚生年金保険の被保険者（70歳以上は被用者）であり，かつ，一定以上の報酬を得ている老齢厚生年金受給者を対象に当該年金の全部または一部を支給停止する制度です。文言上は「支給停止」ですが，将来的に停止された分が（給与が減ったからといって）戻ってくるわけではありません。よって，繰り下げたからといって画一的に年金が増えるわけではなく，通常どおり請求しても，在職老齢年金によって老齢厚生年金（報酬比例部分）が全額支給停止となっていた場合は，老齢厚生年金（報酬比例部分）は増額しません。

Q 62

夫婦ともに健在の場合での繰り下げでは，夫婦ともに繰り下げ，妻のみ繰り下げ，夫のみ繰り下げの３通りが考えられます。

どのような判断基準が妥当ですか。

A

65歳以降の働き方と求める生活レベルによって，判断することになります。

筆者が経験した相談事例のうち，いくつかを紹介します。

開業されて，元気なうちは可能な限り働き続けるというご家庭では，**夫婦ともに繰り下げ**を選択される傾向にあります。開業医には定年の概念がありませんので，ご自身の健康状態にもよりますが，年金が支給されなくても定期的にある程度まとまった収入が得られます。

妻のみ繰り下げを選択される例としては，引き続き（勤務医の）嘱託職員として継続雇用となったものの，手取り額が下がっており，かつ，妻が長生き家系というケースです。統計上も女性のほうが長生きするというデータは今に始まったものではなく，今後も続くことが予想されます。妻については，夫に万が一のことが起こった後でも繰り下げによって増額した年金を受け取れる準備をしておきたい気持ちの表れと考えられます。もちろん妻も勤務医や開業医のために，在職老齢年金によって老齢厚生年金（報酬比例部分）が全額支給停止というケースもあり得ますが，その場合であっても老齢厚生年金（経過的加算部分）と老齢基礎年金は増額の対象です。

夫のみ繰り下げのケースでは，妻が専業主婦で，国民年金から支給される老齢基礎年金のみの場合に満額受給できる月額は，約６万5,000円です。一般的な家庭の１か月当たりの老後の生活費は概ね26万5,000円（平成30年総務省家計調査報告より引用）とされており，医師の夫が定年後は再雇用を希望せずにアルバイトでの月額賃金が20万円程度の場合は，妻の老齢基礎年金と合わせると約26万円になり，平均的な家庭の生活は可能という計算になります。

Q 63　夫婦ともに健在の場合での繰り上げは，夫婦ともに繰り上げ，妻のみ繰り上げ，夫のみ繰り上げの３通りが考えられます。どのような判断基準が妥当ですか。

A　繰り上げについては，まず減額率が一生涯にわたって続くことを念頭において判断すべきです。

筆者が経験した相談事例によると，医師の場合は，繰り上げを選ばれるケース自体は少ない傾向です。やはり，生活するためのある程度の備えはあるので，**一生涯にわたって減額率が適用される**のはデメリットとして大きすぎると考えるケースが多いように見受けられます。ただし，繰り上げがまったく選択肢としてないということではなくて，統計上は通常受給が概ね65%，繰り上げが概ね30%，繰り下げが１%という状況で，繰り下げよりも繰り上げのほうが多く選ばれています。

夫婦ともに繰り上げを選ぶ背景としては，早期からある程度のまとまったお金が必要になった場合が考えられます。医学の専門家である医師であっても，病気に罹患する確率をゼロ％にすることは難しいことから，たとえば，難病を患ってしまい，高度な治療が必要になった（保険適用外の治療が必要になった）場合があげられます。

妻のみ繰り上げの場合は，生活費の一定の足しにと考えているケースです。**夫のみ繰り上げ**の場合は，一般的には男性のほうが年金額は高いことが多く，生活費に一定の足しが必要と考えているケースに「より拍車がかかっている状態」と考えられます。

ただし，繰り上げはデメリットが大きく（減額率が一生涯にわたって続くだけでなく，国民年金の任意加入制度への加入もできなくなる等），請求後の撤回ができません（繰り下げと異なり既に受給が始まっているため）。なお，繰り下げは，65歳当時に遡って請求することも可能です。ただし，65歳当時に受け取っていたはずの年金という考え方に基づき，**確定申告のやり直しや介護保険料等の再計算が発生する**点を押さえておく必要があります。

Q64　例外的に，そもそも繰り下げができないケースや途中で繰り下げができなくなるケースがあるようですが，どのようなケースですか。

A　遺族年金等，他の年金の受給が始まると，繰り下げは選択できなくなります。

筆者が経験した事例では，繰り下げを検討していたところ，「そもそもあなたは繰り下げできません。」との説明を受けたが理解できないとの相談がありました。これに該当するのは，繰り下げの最低年齢である**66歳に達する前に遺族年金や障害年金を受け取る権利が発生したとき**にあたり，老齢年金を繰り下げることができなくなります。理由としては，遺族年金や障害年金を受給しながら，その間に老齢年金を繰り下げて増額することができてしまうためです。ただし，例外的に，障害基礎年金のみ受給権がある方は，老齢厚生年金の繰り下げが可能です。繰り下げは，老齢基礎年金，老齢厚生年金において別々に請求できるため，障害基礎年金のみの受給権者の場合は，老齢厚生年金については繰り下げが可能ということです。

他方，**66歳以降に遺族年金等の受給権者となった場合**は，当該受給権取得後に繰り下げ請求をすると，遺族年金等の受給権取得当時に遡って繰り下げ請求があったとみなされます。

障害厚生年金を受給しても，障害厚生年金の受給権がなくなれば，繰り下げは可能です。具体的には，障害等級３級以上に該当しなくなり３年が経過した場合は，65歳になった時点で障害年金は失権することになります。障害年金が失権すれば，受給権がなくなりますので，老齢厚生年金，老齢基礎年金の双方の繰り下げが可能となります。

医学部生時代に学生納付特例の申請を失念しており，保険料の滞納があります。デメリットは，いつ，どのように顕在化しますか。

満額の老齢基礎年金を受給できないことや，保険料の納付要件を満たさずに障害年金の受給資格を得られないことになります。

保険料の滞納問題は，もはや医学部生時代に限定された話ではありません。勤務医となって厚生年金に加入するとなれば，医療機関に対して保険料の請求があるため，個人において保険料の滞納が発生することは起こり得ませんが，個人で手続きせざるを得ない国民年金の場合は，滞納は起こり得る問題です。

１階部分である国民年金から支給される老齢基礎年金は，**第４章等**で取り上げたとおり，「フルペンション減額方式」を採用しており，20歳から60歳までの480か月間，漏れなく保険料を納めることで満額の年金を受給できる制度です。また，２階部分である厚生年金から支給される老齢厚生年金のように，一定以上の報酬があるために年金をカットする在職老齢年金制度の対象にもならず，死亡する月まで支給されることから長期的な所得保証となります。

障害年金については，**第６章**でも詳述しますが，年金制度で定められている障害等級は満たすものの保険料を一定以上納めていない場合には，年金はまったく支給されません。具体的な保険料納付要件については，「初診日の前日」において，初診日の属する月の「２か月前」までの被保険者期間で，国民年金の保険料納付済期間（厚生年金保険の被保険者期間や共済組合の組合員期間も含む）と保険料免除期間を合わせた期間が３分の２以上必要です。また，初診日が令和８（2026）年３月末日までであれば，次のすべての条件に該当する場合に限り，保険料納付要件を満たす特例（次図を参照）があります。

○　初診日において65歳未満であること
○　初診日の前日において，初診日が属する月の２か月前までの直近１年間に保険料の未納がないこと

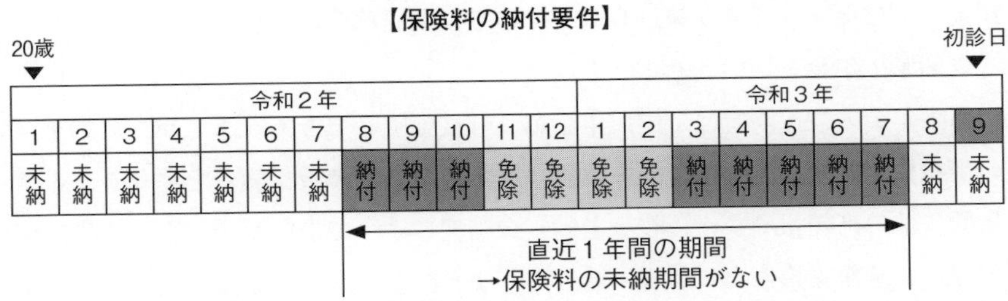

（出典）日本年金機構：『障害年金ガイド　令和５年度版』

本事例の相談者が，医学部生時代に長期間にわたる保険料の滞納があり，卒業直後あるいは医学部在籍中に不慮の事故に巻き込まれ，万が一にも障害等級の要件を満たす程度の障害を負ったとした場合でも，保険料納付要件を満たさ

ずに障害年金を受給できないというリスクがあります。保険料納付要件のポイントは，**「初診日の前日」**で判断されます。事故が起こり，大急ぎで「初診日当日」に保険料を納めても遅いということです。

65歳で定年退職しました。これからは，仕事はせずに年金生活に入る予定です。
医学部生時代に保険料の滞納があったため，これから納付して少しでも多くの年金を受給することは可能ですか。

老齢年金の受給資格を有している場合は，任意加入制度にも加入できません。

今後は仕事をせず，過去の保険料の滞納分を挽回するために保険料を納付して，少しでも多くの年金を受給したいという相談は少なくありません。定年退職をされ，かつ，退職金も受給しており，ある程度の元手があるという背景も窺えます。もちろん，再就職等をして厚生年金に加入するということであれば70歳まで被保険者であり続けられますので，２階部分の厚生年金から支給される老齢厚生年金を増額させることは可能です。

厚生年金の被保険者は，国民年金第２号被保険者でもありますが，老齢年金の受給権を有する場合は，65歳以後は厚生年金のみの被保険者となります。結果的には，高額報酬ゆえに在職老齢年金制度によって老齢厚生年金（報酬比例部分）が全額支給停止になる場合もあります。また，老齢基礎年金は，あくまで20歳から60歳までの間の480か月間の保険料の納付実績によって年金額が決定します。そこで，老齢基礎年金に反映できない部分（20歳前の期間と60歳以後の期間）は，**「経過的加算」**として，老齢基礎年金には反映できない代わりに老齢厚生年金に反映する仕組みがあります。これは，65歳以後に「厚生年金のみの被保険者」になっても（厚生年金は最長で70歳で資格喪失し，その後も働く場合は「被保険者」から「被用者」になり，在職老齢年金は引き続き対象となる），480か月に到達するまでは支給対象になります。

厚生年金に加入せずに年金を増やす選択肢としては，国民年金の任意加入制度が選択肢としてあげられますが，老齢年金の受給権を有する場合は，65歳以降は加入できません。平成29（2017）年８月以降，老齢年金受給のための必要な資格期間は，旧来の25年から10年に短縮されています。したがって，通常の勤務医生活を送られてきた医師であれば，在職中は（一般職と比較して入退職が多いとはいえ）厚生年金保険に加入中であることから，資格期間の下限である10年に達していないケースは極めて稀です（現役時代に常に海外赴任であれば想定される）。そうなると，「65歳から」任意加入制度という選択肢は取れません。制度上は，昭和40（1965）年４月１日以前生まれの方で老齢年金の受給資格を有していない方に限り，65歳から70歳までの間で，かつ，原則の資格期間の10年を満たすまでの間は，**「特例任意加入」**することができます。

過去に滞納していた保険料があります。年金が低額になることは理解していますが，他にどのようなデメリットがありますか。

ご自身が他界された後に，遺された配偶者への遺族年金が低額になるデメリットの可能性があります。

「遺族年金」といっても，２つの制度があります。遺族年金については**第５章**で詳述しますが，１階部分の**国民年金から支給される遺族基礎年金**と２階部分の**厚生年金から支給される遺族厚生年金**に区分されます。特に，受給対象となることが多い遺族厚生年金（遺族基礎年金では，生計維持関係にある18歳年度末に達する前の子（障害状態にある場合は20歳未満）がいる必要があるため）は，死亡した方の老齢厚生年金の報酬比例部分の75％となりますから，死亡した方の年金額が高ければ遺族年金も高くなります。

また，遺族年金は死亡した方の「老齢厚生年金の報酬比例部分の75%」であるものの，受給する際には老齢厚生年金ではなく**「遺族厚生年金」**であるため，「非課税」（老齢厚生年金は課税）になります。また，在職老齢年金による年金カットの対象でもないことから，（在職老齢年金制度を危惧し）報酬額の調整をする必要もなく，遺族厚生年金を受給できるメリットは小さくありません。ただし，年金制度には，老齢，障害，遺族という３種類の年金がありますが，**「1人1年金の原則」**という考え方があり，支給事由が異なる２つ以上の年金が受けられるようになった場合でも，原則としていずれか１つの年金を選択することになります。

筆者が経験した相談事例では，夫婦ともに60代の医師であり，夫が他界後に，妻は引き続き厚生年金に加入中というケースでした。このケースでは，妻は，在職老齢年金制度によって老齢厚生年金は全額支給停止されていたものの，夫の遺族厚生年金が支給されることになり，選択（この場合，敢えて全額支給停止の老齢厚生年金を選択することは考え難い）によって，65歳前から非課税の遺族厚生年金を受給することができました。在職老齢年金制度による調整対象の年金は老齢厚生年金のみで，障害年金や遺族年金はまったく対象になりません。

Q 68 滞納によって年金額が低くなる年金には，老齢年金と遺族年金の他に何かありますか。

A 未支給年金も，同じ理由で低くなってしまいます。

年金は，死亡月まで受給することができます。もちろん，死亡する月の分はご自身で有意義に使うことは難しいでしょうが，一定の遺族が**「未支給年金」**として受給することができます。

年金制度では，年６回，偶数月に支払われることとされており（裁定請求後，最初の支給は奇数月に支払われることもあり），それぞれの支払月には「前月」までの２か月分が支払われることになります（たとえば，４月に支給される年金は２月と３月分）。よって，死亡する月の分は，必ず未支給状態になります（参考：日本年金機構『年金Ｑ＆Ａ』「年金はいつ支払われますか。」を参照）。

未支給年金が受け取れる遺族は，死亡した方と生計を同じくしていた配偶者，子，父母，孫，祖父母，兄弟姉妹，それ以外の３親等以内の親族の順になります。よって，配偶者が存命の場合は，配偶者が受給することになります。同順位者が２名以上いる（たとえば，配偶者も他界しており子が受給する）場合は，その１人がした請求は全員のためその全額につきしたものとみなされ，その１人に対してした支給は全員に対してしたものとみなされます。もちろん，未支給年金も滞納期間があれば，（これまで生前に受給していた老齢年金と同様に）年金額は低くなります。年金に限定すると，遺族年金と並んで**最後に遺族に対して残してあげられる財産**が未支給年金です。

年下の配偶者がいれば加給年金がつくようですが，配偶者が20年以上厚生年金に加入して年金を受給していると加給年金はつかなくなるため，退職あるいは非常勤職員になるように進言しています。

何か問題はありますか。

A

「年の差婚」でない場合は，加給年金以外にも目を向ける必要があります。

「年金版の扶養手当」と呼ばれるものに，**加給年金**があります。厚生年金保険に20年以上（生年月日によっては15～19年の場合もある，以下同じ）加入している受給権者（便宜上，夫とする）に，65歳到達時点で生計を維持している65歳未満の配偶者または18歳年度末に達する前の子（障害状態にある場合は20歳未満）がいる場合には，夫の老齢厚生年金に加給年金が加算されます。

ただし，生計を維持する妻が厚生年金保険に20年以上加入している場合で特別支給の老齢厚生年金等を受給している場合は，加給年金は加算されません。これを回避する意味で，妻の厚生年金加入期間を20年未満にする働き方を選択する相談者も散見されます。

加給年金のもう１つの要件である**「生計維持要件」**は，妻の年収が850万円未満であることが要件です。たとえば，夫婦ともに医師の場合は，妻もこの年収850万円未満の要件を満たしておらず，不必要に厚生年金に加入しない働き方（そもそも「生計維持」の要件を満たしていない）を選んでいるケースにも遭遇します。妻が年収850万円未満の要件を満たしていないのであれば，むしろ平均余命は女性のほうが長いという統計データも勘案すれば，妻の厚生年金加入期間を延ばして妻自身の老齢厚生年金を増やしたほうが（長期的には）得をするケースもあります。

また，加給年金は，このケースの妻が65歳に到達すると打ち切りになります。その後は妻の老齢基礎年金に**振替加算**という加算がつきますが，加給年金と比べると多くの場合で振替加算は低額になります。したがって，振替加算が低額であることを踏まえると，妻はより厚生年金に加入していたほうが夫婦としての年金額は増えると考えられます。なお，振替加算は，昭和41（1966）年４月２日以後生まれの方は支給対象外です。加給年金は，確かに（このケースのように）「年の差婚」であれば，年下の妻が65歳に到達するまで支給対象になります（妻が厚生年金保険に20年以上加入し，特別支給の老齢厚生年金等を受給するようになった場合は，その時点で支給対象外）。

そうなると，数年間の加給年金を受給するためだけの理由で妻の働き方そのものを制限した場合のデメリットにも，目を向ける必要があります。

Q 70 海外赴任から日本に戻り，今後，結婚を予定している相手がいます。年金制度において，留意しておくことはありますか。

A 熟年婚では，老齢厚生年金の支給開始前であれば，加給年金の対象になる可能性があります。

厚生年金保険に20年以上加入している夫に，65歳到達時点に生計を維持している65歳未満の妻または18歳年度末に達する前の子（障害状態にある場合は20歳未満）がいる場合には，夫の老齢厚生年金に加給年金が加算されます。これは医師に限った話ではありませんが，晩婚化になっているわが国において，**「熟年婚」をした場合の得失についても考える**必要があります。

年金制度において，婚姻するタイミングは，夫の老齢厚生年金の「支給開始（65歳時点）前」であれば，加給年金の対象となります（もちろん，生計維持要件等満たす必要はある）。老齢厚生年金に加算される加給年金は，受給できる権利を獲得した時点で対象配偶者の有無を確認（65歳未満であるか，年収850万円未満であるか，厚生年金への加入期間が20年未満であるか，子の要件は省略）し，要件を満たしているかどうかの判断をします。なお，夫が厚生年金への加入期間が20年以上を満たしていない（たとえば，本事例の相談者のように海外赴任が長期に及んでいた）場合は，婚姻後に当該要件を満たした時点で加給年金の要件を満たしていれば，その時点から加給年金の受給が可能となります。ただし，原則として妻が65歳到達をもって打ち切られます。もちろん年齢差が少なければ（筆者の経験では，加給年金の受給期間が２か月程度のみというケースもあった），実質的に加給年金のメリットは乏しいですが，近い将来，婚姻を検討している場合であれば，婚姻するタイミングによって得失が生じる点は押さえておきたいところです。

Q71

夫との離婚を検討しています。今は勤務医を辞めており，厚生年金には20年加入しておらず，夫には加給年金がつくようです。

離婚をする場合に，年金制度上は，いつがよいのですか。

A

65歳以降の離婚であれば，あなたには振替加算がつきます。

厚生年金保険に20年以上加入している夫に，65歳到達時点に生計を維持している65歳未満の妻または18歳年度末に達する前の子（障害状態にある場合は20歳未満）がいる場合には，夫の老齢厚生年金に加給年金が加算されます。加給年金は，妻が65歳になると打ち切られ，昭和41（1966）年４月１日以前生まれの妻には１階部分である国民年金から支給される老齢基礎年金に**「振替加算」**という加算がつきます。

国民年金法は，昭和61（1986）年４月に大改正（昭和61年４月改正を「新法」とする）されました。新法によって，専業主婦（夫）を健康保険法の被扶養者に相当する国民年金第３号被保険者として国民年金に強制加入することになりましたが，「旧法」時代は，専業主婦（夫）は年金への加入が任意とされていました。よって，未加入ゆえにいざ老齢基礎年金を受給できるようになっても，満額の老齢基礎年金を受給できないことが問題視されました。

そこで，大正15（1926）年４月２日から昭和41（1966）年４月２日までの間に生まれた方は，昭和61（1986）年４月１日の新法施行時点で既に「20歳以上」であったことから，満額の老齢基礎年金を受給できない可能性があるため，**「振替加算」**が創設され，その付与対象者になりました。なお，振替加算は，加給年金が配偶者が65歳到達時点で例外なく打ち切られるのと異なり，一生涯受給可能です。ただし，注意点として，本相談事例の妻が65歳になる前に離婚してしまうと，そもそも夫に加給年金の対象になる配偶者がいないという状態になります。そうなると，その時点で加給年金は打ち切られます（手続きが遅れてしまうと返納対象になる）。そして，妻には，65歳になっても振替加算はつかないことになります。

妻が65歳になり，妻の老齢基礎年金に振替加算がつくようになってから離婚するのであれば，一生涯，振替加算がつくことになります。ただし，振替加算は老齢基礎年金につくものですから，再度勤務医として働く場合でも１階部分であることから，そもそも在職老齢年金制度の対象になりませんので，高額報酬ゆえに支給調整されてカットされるリスクはありません。ただし，振替加算は，対象者の生年月日によって段階的に支給額が減っている点も留意すべきです。

また，昭和41（1966）年４月２日以降生まれの方は，新法制定当初20歳未満であったことから，理論上は満額の老齢基礎年金を受給できるはずですので，振替加算は一切支給されません。また，65歳まで離婚を待つメリット（金銭だけでなく精神的な部分等が考えられる）と，離婚することで世帯単位の収入（夫分の年金がなくなる）が減るデメリットを考慮すべきです。

離婚時の年金分割は，**第７章**で詳述します。

Q 72

65歳以降も，嘱託の勤務医として働くことになっています。老齢厚生年金がカットされると加給年金が支給されなくなると聞いたので，厚生年金には加入しない働き方を選びました。

何か問題はありますか。

A

1円でも老齢厚生年金が支給されていれば，加給年金も支給されます。

老齢厚生年金が**全額支給停止**となる場合は，加給年金もつきません。ただし，在職老齢年金制度によって一部支給停止となっている場合であっても，1円でも（老齢厚生年金が1円しか出ないケースはほぼありませんが）老齢厚生年金が支給されるのであれば，加給年金は支給されます。在職老齢年金制度の誤解の典型例として，厚生年金保険の資格を喪失するためにあえて退職をしたケースもありますが，「労働者」であれば厚生年金保険の対象とならないような働き方に変えれば，わざわざ退職までする必要はありません。

社会保険（健康保険と厚生年金）は，社会保険適用事業所の通常の労働者（一般的には正社員）の労働日数と労働時間が4分の3未満の場合には，社会保険の加入対象外になります。なお，労働時間とは，週当たりの労働時間と月当たりの労働時間を指します。よって，本相談事例のように退職ではなく，働く時間を短くすることによって社会保険の資格喪失は可能であり，ひいては在職老齢年金制度の対象外となることは可能です（資格喪失することによって資格喪失以後の年金が増えないデメリットがあります）。また，「4分の3」とは，各医療機関によってあてはめますので，たとえば，常時雇用する労働者数が10人未満のクリニックであれば週の所定労働時間が44時間としても違法ではありません。この場合の「週当たりの労働時間」の「4分の3」は，44時間を基軸に判断して差し支えありません。ただし，平成28（2016）年10月1日以降は，社会保険の適用拡大が進められており，ある程度規模の大きい医療機関によっては週の労働時間が20時間であっても社会保険適用対象となる点は，注意が必要です。社会保険については，「逆選択」（加入するか否かを選択すること）は認められず，要件を満たした場合には加入する義務が生じます。

Q73

65歳定年制を採用する病院の勤務医で，来月には65歳になります。

在職老齢年金の話を聞くと，今の報酬では年金が全額カットになるようですので，厚生年金からは抜けませんが働く時間を短くする予定です。

妻は専業主婦で，年齢も６歳ほど離れていますが，手続き上の問題はありますか。

妻の国民年金被保険者の種別変更手続きが必要です。

65歳以後も勤務医や開業医として厚生年金保険に加入しながら働く場合で，かつ，年下の配偶者がいる場合は，注意が必要です。厚生年金保険加入者は，国民年金第２号被保険者ですが，65歳時点で老齢年金の受給権を有している場合で，かつ，引き続き厚生年金保険に加入し続ける場合は，65歳以後は国民年金第２号被保険者ではなくなります（厚生年金の被保険者のみとなる）。

本相談事例では，扶養している妻は第３号被保険者と考えられます。第３号被保険者の要件は，60歳未満の「第２号被保険者の被扶養配偶者」であることです。すなわち，夫が65歳以後も厚生年金の加入者として働き続ける場合でも，（老齢年金の受給権を有している場合は）国民年金の第２号被保険者ではありませんので，妻は第３号被保険者の要件を満たさなくなります。よって，妻自身が国民年金第１号被保険者への種別変更手続きをしなければなりません。国民年金第１号被保険者となれば，当然，保険料の納付が必要になります。

専業主婦であれば，まったく収入がないことも考えられます。納付義務者は**「専業主婦」**ではあるものの，連帯納付義務者として世帯主や被保険者の配偶者も連帯して保険料を納付する義務を負いますので，**夫が保険料を負担する**ことは何ら問題ありません。さらに，夫は年末調整や確定申告において，妻の分として納めた国民年金保険料を**社会保険料控除**として申告が可能ですので，税制面での恩恵も享受できます。ここで，特に年齢差が５歳以上離れており，夫のみ厚生年金に加入し続けるものの妻が専業主婦という家庭（逆の場合もある）は，注意が必要です。

勤務医として厚生年金に加入中です。これまで初期臨床研修医時代から継続して厚生年金保険料を納めてきたにもかかわらず，全額カットされています。

多方面に相談した結果，厚生年金を抜ければよいとのことですが，今の診療体制で退職するのは難しい状況です。

受給できる方法はありますか。

社会保険料のなかでも最も高額な厚生年金保険料を納めてきたにもかかわらず，全額カットということになれば，何とか受給する方法はないのかと考えるのは，想像に難くありません。

その場合は，次の２つの選択肢が考えられます。

① 標準報酬月額を引き下げること
② 厚生年金保険の資格を喪失すること

在職老齢年金制度の適用を受け，老齢厚生年金が全額カットされている場合に，どうすれば年金を受給できるようになるのかという相談は，老齢年金の相談件数のなかで上位を占めています。

現状でも，**老齢年金の裁定請求手続き**さえしていれば，１階部分である国民年金から支給される老齢基礎年金は支給されます。老齢基礎年金は，満額で受給できたとしても月額換算で64,816円（令和４（2022）年度）となり，十分な額とはいえません。

厚生年金の場合は，これまでの報酬と加入期間にもよりますが，たとえば厚生年金保険に20年以上加入していた医師の給与体系を勘案すると，老齢基礎年金を下回ることはありません。

その場合は，次の２つの選択肢が考えられます。

(1)　標準報酬月額を引き下げる

算定基礎届という（通常は４月から６月に支払われる報酬を基に，その年の９月からの標準報酬月額を決定する）業務が，必ず行われます。著しい固定的賃金の変動がある場合は，４月を待つことなく，変更が生じた月から３か月の報酬を基に４か月目から標準報酬月額を改定することが可能です。

(2)　厚生年金保険の資格を喪失する

誤解が多い部分です。これは「退職しなければならないのか。」と考えられるケースが多いですが，退職に固執する必要はありません。役員ではなく労働者であれば，たとえば，労働時間を減らすことでも，厚生年金保険の資格を喪失することは可能です。

少しでも早く老齢厚生年金を受給したいのであれば，４か月を要する(1)よりも(2)のほうが早く受給できます。

Q 75

医師を引退後に一般企業の役員になりました。危惧をしていたとおり，在職老齢年金によって年金が全額カットされています。

労働者ではなく，登記上も役員の場合に，何か対策はありますか。

A

Q74で取り上げた，(1)標準報酬月額を引き下げること，(2)厚生年金保険の資格を喪失すること，も対応策としては考えられます。

(1)の標準報酬月額の引き下げを選んだ場合には，役員も同様に改定までに4か月を要する点は変わりません。役員は労働者ではないので，前提として労働時間の概念がありません。そうなると，(2)の労働時間を減らして厚生年金保険の資格を喪失することは，選択肢としてないことになります。また，社会保険上，役員であっても労働の対価として法人から報酬を得ている場合は，厚生年金保険の資格取得要件を満たしますので，報酬がゼロの場合（こうなると保険料の徴収ができないこともある）を除き，資格喪失をすることはできません。

法律上の明確な定義はありませんが，「非常勤役員」であれば，社会保険自体適用対象になるのかという議論があります。非常勤役員とは，一般的には経営方針に対する助言やガバナンスの強化等を目的に就任依頼することが考えられます。厚生年金保険法９条では，被保険者の定義として「適用事業所に使用される（以下略)」とされており，この時点では被保険者（70歳以上は被用者）といえます。ただし，法人から「労働の対象」としての報酬を受けていることが資格取得の要件とされており，使用されていること（役員の場合は，正確には委任契約になる)，労働の対象として報酬を受けていることが被保険者の要件です。

そこで，実質的に本要件を満たしているのかを確認していく必要があります。まず，**使用関係の判断材料**として，次の６つがあります。

① 事業所へ定期的に出勤しているか
② 事業所では他の職を兼務しているか
③ 事業所では役員会等に出席しているか
④ 労働者に対する指揮監督はあるか
⑤ 事業場において意見を述べる程度の立場に留まっているか
⑥ 受ける報酬額が社会通念上妥当な額か（実費弁償程度の水準に留まっているか）

筆者が経験した相談事例では，①～⑤は問題にならないまでも，⑥の報酬の部分で（事業所から医師という経歴に対するリスペクトもあり）非常勤役員とするには無理があると判断したケースがあります。具体的に，この金額であれば問題にならないという額は明示されていません。

①については，週に４日程度出勤となれば要件を満たすことは難しいと考えます。また，②では，多くの職務を兼務している場合は，労働者に対して④の指揮命令があると考えられ，付随して③で設定される会議などでの発言機会も多いと推察されます（⑤の要件を満たしているかについても疑わしいといわざるを得ない）。これらを総合的に勘案して，社会保険の被保険者として扱われなければ，資格喪失後はもちろん在職老齢年金の対象にはならず，老齢厚生年金の受給は可能です。

Q 76 複数の医療機関で診療業務に従事しています。現在，年金は全額カットされていますが，給与を減らすことなく年金を受け取る方法はありますか。

A 社会保険に加入していない外勤先の医療機関からの報酬を増やすことで，年金を受給できる可能性があります。

在職老齢年金によって**年金をカットされる対象となる「報酬」**は，あくまで厚生年金適用事業所から支払われるものに限定されます。医師の場合は，本業先の医療機関（経営者としてまたは労働者としての場合も含む）で社会保険に加入し，外勤先の医療機関では社会保険に加入していないことが一般的です。これは，外勤先で社会保険に加入しなければならないのに加入していないという意味ではありません。１人の労働者として外勤先で診療業務にあたる場合は，通常の労働者（一般的には正社員）と比べて月の労働日数と週の労働時間が４分の３未満の場合には社会保険加入対象外になりますので，週に１～２日程度であれば本要件を満たす可能性は極めて高いといえます。

たとえば，本業先の労働時間を減らすことで，一般的には報酬は減ることになりますので，標準報酬月額は下がります。ただし，そのままでは「年収」が減ってしまいますので，外勤先で（社会保険加入対象にならない程度に）報酬を増やす（もちろん外勤先の都合もある）ことで，在職老齢年金制度による年金カットを回避できる可能性があります。

Q 77 年金を70歳まで繰り下げた場合は，どれくらいの年齢までは損をしますか。

A 概ね81歳頃に，損益分岐点を迎えます。

繰り下げの場合の損益分岐点とは，「この年齢以降も生きると，繰り下げたことで得をする。」という意味の分岐点です。70歳での繰り下げ請求は，１か月当たりの増額率が0.7％となるため，0.7％×60か月＝42％の増額になります。すなわち，通常どおり65歳から受給した場合の年金受給総額を上回るのは，請求から11年後の81歳の時ということです。

もちろん，人によって多少の前後差は生じますが，厳密な損益分岐点を知りたい場合は，○歳○か月という部分まで（あくまでその時点での算出ではありますが）**年金事務所で算出してもらう**ことは可能です。考え方としては，81歳よりも前にお亡くなりになると，通常どおり65歳から受給していたほうが得をするということになります。

特に医師の場合は，ある程度の貯蓄があることもあり，繰り下げを検討される方が少なくありません。老齢厚生年金，老齢基礎年金の**両方またはいずれか一方の繰り下げも可能**です。現在は，75歳までの繰り下げも可能ですが，そうなると，さらに損益分岐点は先（目安としては86歳）になります。特に男性は，選択する際に躊躇されるケースが少なくありません。

Q 78 年金を60歳から繰り上げ請求する場合は，どれくらいの年齢からは損をしますか。

A 概ね76歳までで，損益分岐点を迎えます。

繰り上げの場合の損益分岐点とは，「この年齢以降も生きると，通常どおり受給するよりも損をする。」という意味の分岐点です。繰り下げには，最低でも１年（66歳以降）は繰り下げなければならないルールがありますが，繰り上げには，そのようなルールはありません（60歳よりも前から受け取ることはできません）。

繰り上げした場合は，昭和37（1962）年４月２日以降生まれの方は１か月当たりの減額率が0.5%から0.4%に変更されました。よって，60歳で繰り上げ請求をした場合は，24%の減額（＝0.4%×60か月）になります。すなわち，通常どおり65歳から受給していた場合の年金受給総額を下回るのは，概ね76歳の時になります。人によって多少の前後差は生じますので，厳密な損益分岐点を知りたい場合は，○歳○か月という部分まで（あくまでその時点での算出ではありますが）**年金事務所で算出してもらう**ことは可能です。

考え方としては，76歳以降も生きる場合は，通常どおり65歳から受給していたほうが得をすることになります。繰り上げを検討されるケースとして，貯蓄に余裕があっても，余命宣告を受けたケースや，重篤な病気を患って治療費に相当な費用がかかる場合に，検討されるケースがあります。

Q 79

繰り下げで待機していたましが，父の葬儀などでまとまったお金が必要になりました。

65歳に遡って請求することも可能と聞きましたが，その場合の注意点はありますか。

A

確定申告のやりなおしや，介護保険料等の再計算等が考えられます。

繰り下げの決断をした時点と繰り上げの決断をした時点では，決定的に異なる点として，前者はまだ受給が始まっていないことです。よって，繰り下げの決断をしたものの，**状況が一変した**ために，65歳当時に遡って請求をすることは可能です。

注意点として，たとえば，70歳から繰り下げ請求をしようと待機していたものの，68歳で65歳当時に遡って請求をしたとすると，65歳当時に受けるべき年金を「今」受けることになるため，**確定申告のやりなおしや介護保険料等の再計算等**が考えられます。理由は，「今」受給する年金は，65歳や66歳などその当時に受け取るべき年金であるためです。

 80

繰り下げ「待機中」に死亡した場合の年金は，どうなりますか。

A

一定の遺族に対して，「増額なし」の年金が支給されます。

年金の受給権者が亡くなった後は，その者の意思を確認することは不可能です。よって，**待機中に**（たとえば，70歳まで繰り下げて請求しようと思っていた者が69歳で）**死亡した場合**は，「増額しない」４年分の年金が支給されることになります。

また，**5年繰り下げ後に死亡した場合**は，繰り下げ申し出月の翌月分から死亡した月分までの「増額した」年金が一定の遺族に支給されることになります。

第5章　医師が注意すべき遺族年金

Q81

現在は在職中ですが，在職老齢年金制度によって年金は全額カットされています。妻は，第３号被保険者として国民年金に加入中であり，子供は既に勤務医として働いています。

私に万が一のことがあった場合には，妻に遺族年金は支払われますか。

A

遺族基礎年金の受給はできません。遺族厚生年金のみの受給が可能です。

遺族年金には，２種類あります。１つめは，１階部分である国民年金から支給される**遺族基礎年金**，２つめは，２階部分の厚生年金保険から支給される**遺族厚生年金**です。

遺族基礎年金については，次の方が受け取ることができます。

① 子のある配偶者
② 子（18歳年度末に達する前の子（障害状態にある場合は20歳未満））

本相談事例では，子供が既に勤務医として働いていることから既に20歳を超えているため，遺族基礎年金は受給できません。

遺族厚生年金は，次の方が受け取ることができます。

① 子のある妻，子のある55歳以上の夫，子，子のない妻，子のない55歳以上の夫
② 55歳以上の父母
③ 孫
④ 55歳以上の祖父母

遺族厚生年金は，死亡した方によって死亡当時に生計を維持されていた遺族に対して，最も優先順位の高い方が受給できます。注意点としては，受給権がなくなったからといって，次順位の方に転給することはありません。妻については，第３号被保険者である時点で年齢は60歳未満になりますが，女性は受給開始にあたっての年齢制限がなく，扶養されていたということは生計維持関係にあると考えられますので，遺族厚生年金が支給されます。なお，支給される額は，概ね夫の老齢厚生年金（報酬比例部分）の75％になります。

また，在職中の夫が，在職老齢年金制度によって老齢厚生年金（報酬比例部分）が全額カットされている場合は，遺族厚生年金は支給されないのかという相談もあります。遺族厚生年金は，あくまで死亡した方の死亡月前月の老齢厚生年金（報酬比例部分）に対しての75％という考え方ですので，在職老齢年金制度によって老齢厚生年金（報酬比例部分）がまったく支給されていなくとも，妻が受給する遺族厚生年金が全額カットされてしまうことにはなりません（在職老齢年金と遺族厚生年金は無関係）。

Q 82 退職後に死亡した場合は，妻に遺族年金は支払われますか。

妻も以前には同じ医療機関で非常勤看護師として働いていましたが，婚姻後は扶養の範囲内での就労になり，既に特別支給の老齢厚生年金を受給しています（３年ほど前まで第３号被保険者であった）。なお，子供は，既に勤務医として働いています。

A 65歳までは，選択によって遺族年金か老齢年金を選択して受給することができます。

まず，**Q81**と同様に「子のある配偶者」ではないため，１階部分の国民年金から支給される遺族基礎年金は支給対象外です。次に，２階部分である厚生年金からの遺族厚生年金が支給されるか否かですが，これは既に特別支給の老齢厚生年金（以下，老齢年金という）を受給中とのことです。

年金制度には，老齢，障害，遺族の３種類の年金がありますが，**「１人１年金の原則」**という考え方があります。支給事由が異なる２つ以上の年金が受けられる場合は，原則としていずれかのうち１つの年金を選択することになります。よって，老齢年金と遺族年金の２つの受給権が発生した場合は，**「年金受給選択申出書」**を提出し，希望する年金を受給することになります。

妻が３年ほど前まで第３号被保険者であったということは，年収要件オーバーを除くと60歳の年齢到達のために第３号被保険者の資格を喪失したのであれば，現在は63歳と考えられます。そうなると，前述の「１人１年金の原則」により，老齢年金または遺族年金のどちらかを選択して受給することになります。

「何を基準に選択するのか。」という相談も受けますが，もちろん受給額の大小が優先順位としては高くなります。ただし，老齢年金は課税，遺族年金は非課税であること，老齢年金は雇用保険から支給される失業保険と調整対象である点も踏まえて判断すべきです（今後，失業保険の受給資格を満たす可能性があるなら，尚更です)。

また，今後，妻が再就職や労働時間を延長し，在職老齢年金の対象となる程度の収入が見込まれる場合は，現在受給中の老齢年金はカットされてしまう可能性も否定できません。もちろん，「年金受給選択申出書」は，一度提出したらその後はまっく変更ができないということではありません。

Q83 子供はおらず，妻とは内縁関係です。現在は在職中ですが，万が一のことがあった場合には，妻には遺族年金が支払われますか。

A 内縁関係でも，事実関係が認められれば，支給対象になります。

まず，**Q81**と同様に「子のある配偶者」ではないため，１階部分の国民年金から支給される遺族基礎年金は支給対象外です。次に，２階部分である厚生年金からの遺族厚生年金が支給されるか否かですが，税法とは考え方が異なり**社会保険では実態で判断**します。社会保険上の「配偶者」には，婚姻の届出をしていないが事実上婚姻関係と同様の事情にある者も含まれるとされています。よって，事実婚関係かつ生計維持関係の要件を満たしていれば，遺族厚生年金の請求は可能です（ただし，法律婚の場合よりも審査に時間を要します)。

「事実婚関係」の要素としては，次のものになります。

① 当事者間に社会通念上夫婦の共同生活と認められる程度の事実関係を成立させようとする合意があること

② 当事者間に社会通念上夫婦の共同生活と認められる程度の事実関係があること

証明能力を有するものとは，具体的には，次のものになります。

○　健康保険の被扶養者になっている場合：健康保険被保険者証の写
○　職場で扶養手当の対象となっている場合：給与明細や賃金台帳
○　葬儀の喪主になっている場合：会葬礼状等
○　挙式や披露宴が行われている場合（直近１年程度以内）：挙式や披露宴の実施を証明する書類
○　同一の死亡について他の制度から遺族に関する給付が行われている場合：他制度の年金証書等の写し

「生計維持関係」を証明するにあたっては，その１つめである**収入要件**は，法律婚の場合と同様に，前年の収入が850万円未満であることです。

生計維持関係のなかの２つめの要素である**生計同一要件**は，まずは両者が同居している必要があります。やむを得ない理由により同居できないケース（たとえば，医師不足の観点から地方への単身赴任や他の家族の看護等）も考えられますが，その場合には，定期的な音信や訪問，経済的援助の事実が必要です。

遺族年金は，未支給年金と同様に，最後に（年金として）残してあげられるものです。事実婚の場合は，通常よりも申請するまでに（審査にも）時間を要しますが，請求して支給決定されている事例はあります。

Q 84

内縁の妻がいます。内縁関係でも遺族年金は支払われると聞きました。

証明書類（Q83）が用意できない場合は，他にはどのようなものを用意すれば，認められますか。

A

連名での郵便物や賃貸借契約書が考えられます。

生計維持関係（法律婚関係も同様に存在する要件），事実婚関係の証明ができない場合でも，**諦めずに申請できるかどうかを検討すべき**です。

「生計維持関係」とは，収入要件のことであり，法律婚と同様に，前年の収入が850万円未満であることです。この部分は，事実婚だからといって金額が変動することはありません。

内縁関係でも遺族年金が支払われることはありますが，法律婚よりも証明のハードルが上がることは間違いありません。**Q83**に事実婚関係を証明する要素を記述していますが，このような証明（事実婚関係を証明する要素は，**Q83**に記述）ができない場合は，**連名での郵便物**があげられます。これは，差出人が双方を夫婦として認識していたと推認される１つの客観的な証明になります。他には，**賃貸借契約書**です。入居者の続柄欄に「婚約者」や「未届けの妻」等の記載があれば，内縁関係を推認できる１つの証明になります。

考え方として，内縁関係でも遺族年金を請求できる権利はあるものの，実際の審査は日本年金機構が行いますので，生前に，ある程度計画的に，必要な書類を保存しておくことが重要です。

Q85　遺族年金の年収要件の850万円には，何が含まれていますか。

A　在職老齢年金制度とは違い，外勤先の医療機関の収入も含まれます。

まず前提として，（死亡した方によって）**「生計を維持されていた方」**の要件には，死亡当時に死亡した方と生計を一にしていた方であり，前年の年収が850万円未満（所得の場合は，655万5,000円未満）があります。また，同居していること，または別居していても仕送りを受けていた場合や，健康保険の被扶養者である場合にも認められます。

ところが，夫婦ともに医師であり夫が亡くなったという場合には，死亡当時の妻が年収850万円以上であるケースが少なくありません。その場合は，概ね５年以内に年収が850万円未満になると認められる事由がある場合には要件を満たすことができます。**「認められる事由」の具体例**としては，勤務医の場合には就業規則上の定年年齢が近いことがあげられ，開業医の場合には夫の死亡によって今後の収入が著しく減ってクリニックを閉院するといった事情が考えられます。ただし，後者については，従業員数等（夫はほとんど現場に出ておらず実質的に他の勤務医が業務を担っていたような場合）によっては認められない可能性もあります。注意点としては，自己都合退職は「明らかに」とはいえないため認められません。

また，よくある勘違いとして，在職老齢年金制度では，厚生年金保険適用事業所以外の外勤先の医療機関から受ける報酬は在職老齢年金制度のカットの対象となる報酬には含まれませんが，遺族年金の年収要件には外勤先での収入も含めて判断されます。あくまで死亡した前年の収入で判断されますので，「概ね５年以内に年収が850万円未満になると認められる事由」もない場合は，その後850万円未満（所得の場合は，655万5,000円未満）となっても要件を満たたしません。一度受給が認められれば，その後に妻の収入が850万円を超えても支給はなくなりません（再婚等他の失権事由に該当する場合を除く）。

Q 86 夫と異なり，妻には遺族年金の年齢要件がないと聞きましたが，年齢の下限もないのですか。

A 子のない30歳未満の妻への遺族厚生年金は，５年の有期年金になります。

遺族年金は，再婚をしない限り終身で受給できる年金です。

夫の死亡当時30歳未満の子のない妻への２階部分である厚生年金保険から支給される遺族厚生年金は，受給権発生から**５年間の有期年金**になります。これは遺族年金の失権を意味しますので，年金がまったく支給されなくなります。

この有期年金化には，もう１つのパターンがあります。夫の死亡当時30歳未満の子のある妻であっても，子の死亡によって当該妻が30歳未満の間に１階部分の国民年金から支給される遺族基礎年金の受給権が失権後５年を経過すると，遺族厚生年金の受給権も消滅します。

これらはいずれも，**年齢的にまだ十分な就労能力があるため**と考えられており，遺族年金以外でも生計維持できる術があると考えられているためです。

遺されたのが「夫」の場合にはこのような定めはなく，そもそも夫の場合は，遺族厚生年金については「55歳以上」でなければ受給資格が発生しません。また，「55歳以上」であっても，実際の支給は60歳到達月の翌月からになります。なお，父母や祖父母が受給する場合も「55歳以上」となり，「父母」には養父母も含まれますが，義父母は含まれません。

Q 87

妻は勤務医で厚生年金に加入しており，私は開業後，国民年金に加入しています（妻のほうが厚生年金加入期間は長い）。

妻が繰り下げ待機中に私が死亡した場合は，妻の繰り下げは無効になりますか。

A

「他の年金（本相談事例では，遺族厚生年金）を支給すべき事由が生じた日」に「繰り下げの申し出があったものとみなす」取り扱いになります。

65歳の妻が繰り下げを希望し，（繰り下げ待機中である）67歳の時に，夫が死亡したケースを例にあげます。

繰り下げは，５年を経過する前に「他の年金」の受給権者となった場合は，「他の年金を支給すべき事由が生じた日」に「繰り下げの申し出があったものとみなす」とされています。この事例では，65歳の妻が繰り下げ待機中に夫が死亡し，遺族厚生年金の受給権が発生した場合で，妻の老齢厚生年金より夫の遺族厚生年金（夫の老齢厚生年金の75%）のほうが少ない場合は，一般的にはあえて金額の低い（この夫婦は妻のほうが厚生年金の加入期間が長いため）遺族厚生年金の請求はしないと考えられます。しかし，**遺族厚生年金の受給権自体は発生し**ますので，**発生時点以降は繰り下げができない**ことになります。すなわち，繰り下げで増額を検討していたところ，以後その選択肢（繰り下げて自身の老齢年金を増額したいという計画）は選択することができなくなったということです。これは，生活設計にも影響が及ぶ部分といえます。

なお，**「他の年金」**とは，老齢基礎年金，付加年金，障害基礎年金を除きます。具体例として，「老齢厚生年金」の繰り下げ申し出待機中に「障害基礎年金」の受給権が発生しても，障害基礎年金を支給すべき事由が生じた日に老齢厚生年金の繰り下げがあったものとはみなされません。

Q 88

在職中の妻が死亡しました。
私（妻から見たら夫）は55歳未満のため，遺族厚生年金は受給できないのですか。また，子供は，医学部合格を目指して勉学に励んでいます。

A

55歳未満の夫であるため，遺族厚生年金の受給権は発生しませんが，子の年齢によっては，遺族基礎年金の受給権が発生する可能性があります。

２階部分である厚生年金から支給される遺族厚生年金は，**短期要件**と**長期要件**という２つの要件があります。（執筆時点では）いずれの要件にも該当する場合は，原則として短期要件として年金の計算が行われます。

今回は，「在職中に死亡」のため短期要件にあたりますが，ご質問のとおり，「55歳未満の夫」にあたるため，受給権は発生しません。

（短 期 要 件）
- ○ 在職中に死亡
- ○ 在職中に初診日のある病気やけがが原因で初診日から５年以内に死亡
- ○ 障害等級１級または２級に該当する障害厚生年金の受給権者が死亡

（長 期 要 件）
- ○ 受給資格期間が25年以上ある人が死亡

ただし，婚姻していない18歳年度末に達する前の子（障害状態にある場合は20歳未満）がいる場合には，子に遺族厚生年金の受給権が発生します。

１階部分である国民年金から支給される遺族基礎年金については，18歳年度末に達する前の子（障害状態にある場合は20歳未満）がいる場合には，夫に子の加算もついた遺族基礎年金の受給権が発生します。なお，子にも遺族基礎年金の受給権自体は発生しますが，夫（子から見たら父）が受給権を有する間は支給停止になります。もちろん，子に受給権が発生する前提として，**死亡した母と生計維持関係が認められる**ことが要件です。

夫は大学病院の非常勤勤務医です。私（夫から見た妻）は，開業医で国民年金に加入していましたが，現在は年齢的に加入できません。

夫が繰り下げ後に死亡した場合は，遺族厚生年金は増額後の老齢厚生年金の報酬比例部分の額に対して75%という考え方でよろしいですか。

65歳当時の老齢厚生年金（報酬比例部分）の75%です。

本相談事例の夫が繰り下げ請求希望で死亡した場合は，繰り下げ待機中に死亡，繰り下げ請求後に死亡の２つのパターンが考えられます。いずれの場合も，夫の65歳当時の老齢厚生年金（報酬比例部分）の75%になります。よって，繰り下げによって増額した後の老齢厚生年金（報酬比例部分）の75%ではないことになります。

また，**繰り下げ待機中に死亡**した場合は，繰り下げ請求を選択しなかった場合に65歳から死亡する月まで受け取れるはずであった年金を「未支給年金」として請求する必要があります。あくまで「待機中」であるため，増額分の反映はありません。

繰り下げ請求後の翌月に死亡した場合は，（結果論ですが）１か月程度しか受給できなかったとも考えられます。

あわせて，繰り下げの月数が上限である75歳に近づけば近づくほど，損益分岐点も後ろになりますので，繰り下げを選ぶ場合においては，その点も総合的に考慮して決定することが重要です。

Q 90

夫は勤務医で，厚生年金に加入しながら，年に1度年金額が改定される在職定時改定の適用を受けています。

その場合に，遺族厚生年金は，いつの時点の夫の老齢厚生年金（報酬比例部分）の75%になりますか。

A

死亡時点で判断するため，改定後に死亡した場合は，改定後の額に対して75%になります。

「在職定時改定」とは，65歳以上でも厚生年金に加入している場合は，毎年決まった時期に年金額が改定される仕組みです。もちろん老齢年金の受給資格を有していることが前提になります。なお，「毎年１回」とは，「９月１日」の時点で厚生年金保険の被保険者である場合は，その前月である８月までの加入実績に応じて10月から年金額を改定します（実際には，10月分の年金額は12月に支払われます）。

遺族厚生年金の見地に立つと，夫の死亡時点の老齢厚生年金（報酬比例部分）に対して75%という考え方ですので，改定後であれば，その改定を反映させた後の額になります。

在職定時改定は，より早期に年金額が改定され，継続して厚生年金保険へ加入することによるメリットが視覚的に確認（年金額が上がる）できるため，多くの方にとってはメリットと考えられます。ただし，高額報酬層が多い医師の場合は，より早期に年金額が改定されるため，改定された結果，早期に在職老齢年金の対象になる可能性があります。もちろん，在職老齢年金制度によって全部または一部がカットされた年金は，その後に支給されることはありません。

Q 91　遺族年金の他に，併給できる年金はありますか。

A　**死亡に起因する遺族年金以外の給付には，寡婦年金，死亡一時金がありますが，選択受給（どちらを受給するか選ぶ）のものもあります。**

それぞれの給付の概要は，次のとおりです。

なお，寡婦年金は，遺族年金とは異なり，妻しか受給できず，夫は対象外です。死亡一時金は，性別による相違はありません。

⑴　寡 婦 年 金

死亡日の前日において，夫が国民年金の第１号被保険者として保険料を納めた期間や国民年金の保険料免除期間が10年以上ある状態で亡くなったときには，その夫と10年以上継続して婚姻関係にあり，死亡当時，その夫に生計を維持されていた妻に対しては，その**妻が「60歳から65歳になるまでの間」に支給**されます。なお，婚姻関係とは，事実上の婚姻関係を含みます。

他の給付との関係については，遺族基礎年金を受けたことがあっても要件を満たせば寡婦年金の受給は可能です。ただし，同時期に併給することはできず，**選択受給**になります。これは，遺族厚生年金の場合も同様の考え方です。寡婦年金の受給額は，夫の国民年金第１号被保険者としての期間の**老齢基礎年金額の75%**になります。

⑵　死亡一時金

死亡日の前日において，国民年金の第１号被保険者として保険料を納めた月数が36か月以上ある者が，老齢基礎年金，障害基礎年金を受けないまま亡くなったときは，**その者によって生計を同じくしていた遺族に支給**されます。

他の給付との関係については，**寡婦年金とは選択受給**になります。遺族基礎年金を受けられるときは支給されず，遺族厚生年金と死亡一時金は併給可能です。死亡一時金の受給額は，国民年金の第１号被保険者としての被保険者期間の月数に応じて，**12万円から上限の32万円**になります。

Q 92 亡夫の遺族年金を受け取っています。現在は，定年再雇用後も嘱託の勤務医として就労しています。

65歳からは自身の老齢厚生年金の支給が始まる予定ですが，何か変わることはありますか。

A 複数の年金の受給権を有する場合は，「1人1年金の原則」でいずれか1つの年金を「選択受給」することになります。どの年金を選ぶことが，ご自身にとって一番有利かを判断する必要があります。

定年再雇用後も嘱託の勤務医として就労中ということは，**65歳まで**は（生年月日，厚生年金保険加入月数（少なくとも12か月は必要）にもよるが）遺族年金だけでなく，特別支給の老齢厚生年金も受給していると考えられます。

多くの場合は，在職中の常勤の勤務医であれば，特別支給の老齢厚生年金は，在職老齢年金制度による年金カットの対象となる可能性が高く（定年再雇用後も嘱託として勤務するため失業保険との調整は発生しないと考えられる），また，老齢年金は課税対象であるため，遺族年金を選択することが多いと考えられます。夫の現役時代の大半が国民年金に加入（たとえば，早期に開業医となりその後も医療法人化せず継続して国民年金被保険者であった）のために遺族厚生年金が少額の場合は，特別支給の老齢厚生年金を選択することも考えられます。

65歳以降は，ご自身の本来の老齢厚生年金の支給が始まります。この場合には，65歳前とは異なり，ご自身が現役時代に保険料を支払ってきた本来支給の老齢厚生年金と最期に夫があなたに対して遺してくれた遺族厚生年金の両方を受け取ることができます。このこと自体は65歳前と同じですが，65歳以後は選択受給という概念はなく，ご自身の老齢厚生年金を優先的に受給し，本来支給の老齢厚生年金との差額を遺族厚生年金としての受給に変更されます。

よって，非課税給付である遺族厚生年金単体の支給額は，下がる場合があります。

【65歳以上の遺族厚生年金の受給権者が，自身の老齢厚生年金の受給権を有する場合】

	遺族厚生年金
	支給
老齢厚生年金	支給停止 （老齢厚生年金に相当する額）
老齢基礎年金	老齢基礎年金

（出典）日本年金機構：『遺族厚生年金（受給要件・対象者・年金額）』

Q 93

65歳以後も勤務医として働きながら，亡夫の遺族年金を受け取っています。

在職定時改定によって，毎年老齢厚生年金が増えるようになる改正があったようですが，増えている実感がありません。どうしてですか。

A

「在職定時改定」は，65歳以上でも厚生年金に加入している場合には，毎年「９月１日」の時点で前月である８月までの加入実績に応じて，10月から年金額を改定する制度です（実際には，10月分の年金額は，12月に支払われます）。

本事例のように，相談者が「年金が増えない」と感じられた背景としては，まずはご自身の老齢厚生年金よりも夫が遺してくれた遺族厚生年金のほうが多い場合です。制度上は，妻の老齢厚生年金の支給が優先され，「差額」として夫の遺族厚生年金が支給されますので，在職定時改定によって毎年増えたとしても（夫が遺してくれた遺族厚生年金のほうが多いため），実質的に相殺されてしまいます。ただし，このことのみをもって，**働くことを辞めるのも時期尚早**と考えます。

遺族年金は，再婚すると失権します。その場合は，厚生年金加入期間が長ければご自身の老齢厚生年金の受給額も増えることになるため，このような場合には継続就労の意味が活きてきます。

65歳以降において，ご自身の老齢厚生年金が遺族厚生年金よりも高い場合は，そもそも遺族厚生年金は支給されませんので，年に１度の在職定時改定による年金額改定の恩恵も享受できることから，**継続就労の意味もよりメリットを享受できる**ことになります。

94　亡夫がiDeCoをしていました。この部分は，遺族年金のように遺族が受け取ることはできますか。

A　一時金として，遺族が受け取ることができます。

iDeCoは，原則として60歳までは引き出しができません。ただし，加入者が死亡した場合には，遺族に対して**「死亡一時金」**が支給されます。公的年金のような遺族「年金」として支給されず，あくまで「一時金」です。受給するには，公的年金と同様に裁定請求が必要で，死亡一時金は**「みなし相続財産」**として扱われ，相続税の対象になります。

遺族は，加入者（本相談事例でいえば夫）の死亡後５年以内に裁定請求を行わなければなりません。もし，５年を超えてしまうと，法定相続人１人当たり500万円の非課税措置がなくなってしまいます。これは，本人が家族に知らせずにiDeCoを行っていた場合に起こり得る問題と考えられます。なお，死亡一時金の受取人が指定されている場合は指定された者が受取人になり，指定されていない場合は法令に基づき，配偶者，子，父母，孫，祖父母，兄弟姉妹等が（この順番により）受取人になります。

 95

定年退職後には，勤務医である息子の扶養に入る予定です。現在は亡夫の遺族年金を受給中ですが，65歳以降は減額になるようです。

遺族年金は，健康保険上の被扶養者の年収要件に含まれてしましますか。

A

遺族年金も，被扶養者の年収要件に含めて判断します。

遺族年金は，障害年金と同様に**税制上は非課税**である反面，**健康保険の被扶養者として認められる年収要件にはカウント**されます。また，「60歳以上」の場合の被扶養者の年収要件は，130万円未満ではなく180万円未満となります。65歳以降は，遺族年金の受給権の有無にかかわらず，ご自身の老齢年金も受給開始になります。

遺族厚生年金単体としては一部減額になる場合があるものの，老齢，遺族年金ともに健康保険上の被扶養者の年収要件には含まれる収入になります。場合によっては，**扶養の年収要件を超える可能性**もゼロではありません。また，被扶養者の要件を満たしているか否かは，定期的に（タイミングは，協会けんぽと健保組合によっても異なる）確認がありますので，注意が必要です。

ご子息が，健康保険から国民健康保険へ切り替わった場合は，国民健康保険には扶養という概念がありませんので，あなたご自身が国民健康保険に加入する必要があります。国民健康保険へ切り替え後は，被扶養者の時とは異なり保険料の納付義務が生じます。その後，75歳以降は，後期高齢者医療制度へ移行することになります。

Q 96 病気を患ったので，治療に専念するため，勤務医を早期退職する予定です。年金未加入の期間もありましたが，10年は加入しています。

退職後に死亡した場合には，妻に遺族厚生年金は支給されますか。

A 長期要件にしか該当しない場合には，保険料の納付済期間等が25年必要です。

遺族厚生年金には，**短期要件**と**長期要件**があります（**A88**を参照）。また，遺族年金にも保険料の納付要件があります。

「死亡日の前日」において，死亡日の属する月の「２か月前」までの被保険者期間で，国民年金の保険料納付済期間（厚生年金保険の被保険者期間や共済組合の組合員期間も含む）と保険料免除期間を合わせた期間が３分の２以上必要です。また，死亡日が令和８（2026）年３月末日までであれば，次のすべての条件に該当する場合に限り，保険料の納付要件を満たす特例があります。

○ 死亡した方が65歳未満であること
○ 死亡日の前日において，死亡日が属する月の２カ月前までの直近１年間に保険料の未納がないこと

本相談事例の勤務医は，厚生年金に加入していたと思われます。保険料の請求は，医療機関に対して行われますので，保険料の未納はなく，保険料納付要件は満たしていると考えられます。この相談事例での注意点としては，たとえ

ば，在職中に死亡の場合は短期要件（場合によっては長期要件も要件を満たす）に該当し，遺された妻には遺族厚生年金が支給されると考えられます。しかし，退職後死亡の場合は，長期要件を満たさなければ，遺された妻に遺族厚生年金は支給されないことになります。

典型的な例として，平成29（2017）年８月以降，老齢年金に必要な受給資格期間は25年から10年に短縮されましたが，**遺族厚生年金の長期要件は25年のまま**です。これは，遺族厚生年金の保険料納付要件として，死亡日の前日において，死亡日の属する月の「２か月前」までの被保険者期間で，「保険料３分の２以上」を納めていなければならないという要件を設けている以上，（たとえば，40年のうち10年ぎりぎり保険料を納めた程度で遺族厚生年金を受給できてしまうと）持続的な給付制度としての制度自体の維持が困難になるためです。

よって，「10年」を目安に考えてしまうと，残された妻に遺族厚生年金が支給されないという問題にもなりかねません。

遺族厚生年金の長期加入者の要件に該当した場合は，**「中高齢の寡婦加算」**については240月以上の被保険者期間が必要になります。

（中高齢の寡婦加算）

次のいずれかに該当する場合は，妻が受給する遺族厚生年金に40歳～65歳に達するまでの間583,400円（令和４（2022）年度時点）の加算が行われます。

①　夫が死亡したときに妻が40歳以上65歳未満で生計を同じくする子がいない。

②　遺族厚生年金と遺族基礎年金を受け取っていた「子のある妻」（40歳に達した当時，子がいるため遺族基礎年金を受けていた妻に限る）が，子が18歳になった年度の３月31日に達した(障害状態にある子の場合は20歳到達）ため，遺族基礎年金を受け取ることができなくなった。

Q 97 遺族厚生年金には，短期要件と長期要件の計算方法があるようですが，メリット・デメリットはありますか。

A 厚生年金への加入期間が短い場合は，短期要件のほうが受給額は高いケースがあります。

遺族厚生年金は，短期要件と長期要件で計算式が異なります。

（短 期 要 件）

$$\text{平均標準報酬月額} \times \frac{5.481}{1{,}000} \times \underset{\text{(300月未満の場合は300月)}}{\text{被保険者期間の月数}} \times \frac{3}{4}$$

（長 期 要 件）

$$\text{平均標準報酬月額} \times \text{再評価率} \times \text{被保険者期間の月数} \times \frac{3}{4}$$

短期要件も長期要件も，厚生年金保険への加入期間の長さをもとに計算を行う点は変わりません。ただし，**短期要件の場合**では，厚生年金保険への加入期間が「300月未満」の場合は「300月とみなして」計算することになります。

たとえば，夫が共に医師という２つの家庭で確認します（便宜上，夫の厚生年金への加入期間は同じ３年間とします）。

１つめの家庭の夫は，初期臨床研修医としての２年間＋１年間の合計３年間，厚生年金に加入しています。その後は国民年金に加入し，合計で25年以上の保険料を納め，長期要件の遺族厚生年金が妻に支給されます。長期要件は，「実際の厚生年金の加入月数」で計算を行います。

２つめの家庭の夫は，「３年前に就職」し，不幸にも「在職（厚生年金加入）中に死亡」しました。よって，短期要件の遺族厚生年金が妻に支給されます。短期要件の遺族厚生年金は，厚生年金の加入月数が「300月未満」の場合は「300月とみなして」計算されることから，同じ３年間の厚生年金加入であっても金額に差が出ることになります。

参考までに，平均標準報酬額が600,000円の場合で，その違いを確認します（計算の便宜上，平成15（2003）年４月以降の期間のみとする）。

（長期要件の遺族厚生年金概算）

$$600,000 \times \frac{5.481}{1,000} \times 36 \times \frac{3}{4} = 88,792\text{円}$$

（短期要件の遺族厚生年金概算）

$$600,000 \times \frac{5.481}{1,000} \times 300 \times \frac{3}{4} = 739,935\text{円}$$

短期要件では，他の要件を満たせば，中高齢の寡婦加算（65歳に達するまでの間）として583,400円（令和４（2022）年度時点・遺族年金の75％相当額）も支給されます。

Q98

夫が亡くなり，遺してくれた遺族厚生年金を受給しています。勤務医であった夫との婚姻後は専業主婦となり扶養されていましたが，夫の死亡により，国民年金第1号被保険者になりました。

遺族厚生年金を受給しているのに，さらに国民年金の保険料を払い続ける意味はありますか。

A

あなたご自身が65歳から受給開始する老齢基礎年金の年金額に直結しますので，納付し続けるべきです。

国民年金第１号被保険者ということは，現在は60歳未満であり，65歳から受給開始の老齢基礎年金の満額を受給するためには，20歳から60歳までの480か月の保険料の納付状況によって年金額が決まります。また，妻が受給する遺族厚生年金は65歳を待つことなく受給開始となり，再婚等の失権事由に該当しなければ一生涯にわたって受給可能です。

そこで，遺族厚生年金という固定的な収入源がありながら，**このまま国民年金保険料を払い続ける意味があるのか**という相談は少なくありません。この相談者の場合は，65歳からは２階部分は引き続き遺族厚生年金が支給され，１階部分は国民年金から老齢基礎年金の支給が開始されます。今後，国民年金保険料を納付しなくなることで，満額の老齢基礎年金を受給できなくなる可能性が高まります。

老齢基礎年金は，遺族厚生年金とは異なり，「課税対象」ではあるものの死亡月まで支給される定期的かつ固定的な収入源で，遺族年金の失権事由である「再婚」をしても失権することはありません。すなわち，絶対的な終身年金とはいえ，老後の所得保証の観点からも，**保険料は引き続き納付しておくべき**と考えます。

Q 99

元勤務医の夫が重い病気を思い患っているため，いつまで生きられるかわからない状態です。

私は長らく保険料を納めてきたこともあり，自分の年金は早く受給開始できる繰り上げ請求をする予定です。何か注意しておくべきことはありますか。

A

仮に遺族厚生年金が受給開始となっても，65歳までは「１人１年金の原則」により，両方の年金を受給することはできません。

また，繰り上げたことよって生じた減額率による減額分は，取り戻すことができません。

繰り上げ請求をした場合に，**「１人１年金の原則」**が適用されることなく，遺族厚生年金と繰り上げ請求した老齢基礎年金を一緒に受給できると考えられていることがあります。よくある勘違いで，これは誤りです。

これに類似した相談の典型例として，夫が国民年金の加入期間が長くて（厚生年金に加入していた期間が少ないので）夫の遺族厚生年金が少額であるため，ご自身の老齢基礎年金を繰り上げ請求して月々の生活費の補填に充てたいと考えられていることがあります。繰り上げは一度請求すると（既に受給が始まっているため，繰り下げとは異なり）撤回ができず，一生涯にわたって減額率が適用されます。

また，遺族厚生年金の方が，ご自身の繰り上げ請求した老齢基年金よりも金額が大きい場合は，いくら在職老齢年金の対象にならない老齢基礎年金とはいえ，非課税でもある遺族厚生年金を選択しないとは考えにくいです。そうなると，一生涯の減額を受け入れてせっかく繰り上げ請求したにもかかわらず受給はしないという，何とも後悔が残る決断になります。

Q100

元勤務医として医療機関に在職中に他界した亡夫の遺品を整理していたところ，過去に加入していたと思われる年金手帳が見つかりました。現在の手帳には，記録は反映されていないと思われます。

既に夫の遺族厚生年金を受給中であり，申告しないほうがいいですか。

A

短期要件の遺族厚生年金の場合は，申告することで年金額が減ってしまう可能性もあります。その場合は，「再計算は希望しない」という申し出ができます。

遺族厚生年金の計算式は，原則として，死亡した方の「平均標準報酬額（本相談事例では夫）× $\frac{5.481}{1,000}$ ×被保険者期間の月数×75％」になります。また，遺族厚生年金には，短期要件と長期要件があり（短期要件にも長期要件にも該当した場合は，原則として短期要件），それぞれの計算式は，次のとおりです（便宜上，平成15（2003）年４月以降のみの記録とする）。

（短期要件）

$$平均標準報酬月額 \times \frac{5.481}{1,000} \times \underset{\text{(300月未満の場合は300月)}}{被保険者期間の月数} \times 75\%$$

（長期要件）

$$平均標準報酬月額 \times \frac{5.481}{1,000} \times 被保険者期間の月数 \times 75\%$$

短期要件では，年金額計算の基礎となる被保険者期間の月数が「300に満たない」場合は，「300」として計算します。遺族厚生年金は，老齢年金と異なり，必ずしも65歳から受給開始とするのは適切ではなく，比較的若年層といわれる時期に亡くなる場合もあるため，いわゆる「みなし300」のような措置が設けられています。

たとえば，遺族厚生年金（短期要件）として実際の被保険者期間の月数が100月である場合は，「みなし300」により被保険者期間の月数は「300月」として計算します。そこに，亡夫の若年期の厚生年金保険の未統合記録が見つかり，その期間が12か月の被保険者期間であったとします。

ここで，12か月を加算しても300月に達しない場合は，その12か月は単純にみなし300月のなかに吸収されることになります。そうなると，何も変動がないのではと考えてしまいがちですが，この12か月の正体が初期臨床研修医時代等の医師生活のなかでも最も給与が低い時代の記録であった場合には，「平均標準報酬額」であるため，最も低い時代の標準報酬が入り込むことになり，当該期間も含めて「平均」標準報酬額として計算します。

すると，「みなし300」であるため，被保険者期間の月数は変わらないにもかかわらず，「平均標準報酬額」は下がることになります。すなわち，せっかく発掘した亡夫の過去の厚生年金保険の加入記録ではあるものの，申し出をすることによって遺族厚生年金の額が下がってしまうことになります。

結果として，これまで受給していた遺族厚生年金は，正しい記録に基づいた遺族厚生年金ではなく，実際よりも高い遺族厚生年金を受給していたことになります。よって，年金の時効である５年を遡り，時効にかかっていない５年分を返還しなければならないことになります。

厚生年金保険は，長く加入することで年金額が増えるのが通常です。（嘘のような話に聞こえてしまいますが）一般職よりも入退職が極めて多い医師には，割と起こり得る事例です。

現在では，発掘された記録を合算することによって逆に年金額が下がってしまう場合は，**「再計算は希望しない」という選択が可能**になっています。よって，５年分の返還も発生しません。もちろん，医師として歩んだ亡夫の過去の加入記録が適正に反映されていないことは看過できないため，記録の整備ははっきりさせておきたいという相談もあります。いずれにしても，年金額にどのような影響があるのかも，押さえておきたい部分です。

第6章　医師が注意すべき障害年金

Q101　障害年金の申請を検討しています。申請前には，どのような点に留意すべきですか。

A　厚生年金に加入中に受診しておくことで，障害年金自体の受給の可能性が高くなります。

障害年金は，大きく分けて２種類の年金があります。１階部分である国民年金から支給される**障害基礎年金**と２階部分である厚生年金から支給される**障害厚生年金**です。２つの制度のうち障害厚生年金のほうが，年金として認められる**「障害等級」**の幅が広くなっています。障害基礎年金は障害等級１級または２級であるのに対して，障害厚生年金は障害等級１級から３級までになっています。どちらの年金制度になるかは，**「初診日」にどの年金制度に加入していたか**によって決まります。

勤務医として厚生年金保険に加入中に初診日があれば障害厚生年金になり，国民年金に加入中に初診日があれば障害基礎年金になります。当分の間，厚生年金保険に加入し続けるのであれば，そこまで気にすることはないかもしれません。今後，退職する予定がある，あるいは労働時間を短くして厚生年金保険の資格を喪失する予定がある場合は，厚生年金保険の資格加入中に受診をしておくことで，障害年金として認められる障害等級がより広い障害厚生年金を受給できる可能性が高くなります。なお，厚生年金に加入中ということは同時に国民年金にも加入中であるため，障害等級が１級または２級に該当する場合は障害基礎年金に障害厚生年金が上乗せして支給され，障害等級が３級の場合は障害厚生年金のみが支給されます。

障害年金における**「初診日」**とは，障害の原因となった傷病について，初めて医師または歯科医師の診察を受けた日のことです。注意点として，**「健康診断」**を受けた日は，初診日としては扱われません。ただし，直ちに治療が必要と認められる健診結果である場合は，申し立てによって初診日と認められる可能性があります。

Q 102 **１年以上も前から気になっていた疾患があり，障害年金の申請を考えています。ある程度，診断書の取得費用がかかることなどは理解しています。どれくらい早く支給されるか否かを知りたいです。また，申請方法には，どのような方法がありますか。**

A 認定日請求と事後重症請求（あるいは両方）が考えられます。

障害年金には，認定日請求と事後重症請求の２つの請求方法があります。

認定日請求とは，初診日から１年６か月経過した日である障害認定日時点で診断書を取得し，その障害認定日から１年以内に請求することです。原則として，障害認定日から３か月以内の診断書が必要になります。

事後重症請求とは，初診日から１年６か月を経過した時点（障害認定日という）には障害等級に該当していなかったが，その後65歳に達する日の前日（誕生日の２日前）までに障害が悪化したことにより障害等級に該当する状態となったために請求することです。

認定日請求では認められなくても，事後重症請求では認められる可能性（たとえば，障害認定日時点では障害等級にはあたらないと判断されるも，その後に悪化していると判断されたことにより支給が決定される）があるため，２つの請求を合わせて申請しておくことも可能です。もちろん，認定日請求をほぼ間違いなく認められる場合は不要と考えますが，そうではない場合（もはや障害年金は老齢年金と比べても，必ず支給決定される年金ではないため）は，留意しておきたい部分です。

認定日請求を１年以上経過後にする場合は，診断書が２枚必要になります。障害認定日以降３か月以内の状態が記載された診断書が１枚と請求以前３か月以内の状態が記載された診断書が１枚の合計２枚が必要です。

Q103 障害認定日は，初診日から１年６か月を経過した日と聞いていますが，明らかに重篤な疾患も１年６か月の期間を待たなければなりませんか。

A　１年６か月を経過する前に症状が固定（治癒）と認められる疾患は，１年６か月が経過していなくても障害認定日になります。

具体的には，次のように例外なく１年６か月を待たなければならないということではありません。

- ○　心臓ペースメーカーを装着　→　装着した日
- ○　手足の切断　→　切断した日
- ○　人口膀胱のOPEをした　→　OPEした日

よって，初診日から1年6か月を待つことなく請求できるということは，診断書を取得すべき時期も変動しますので（最悪の場合は，取り直しのリスクも生じます），注意が必要です。また，障害年金の時効も老齢年金と同様に5年ですので，申請が遅れることで受け取れない分が発生することがあります。なお，厚生年金に加入していない20歳未満の方で，かつ，初診日が18歳6か月より前の場合は，20歳の誕生日の前日が障害認定日になります。

Q104 以前に，患者様より障害年金の審査が遅いというクレームを受けたことがあります。

自分も障害年金の申請をすることになりましたが，どのようなことがきっかけで遅くなることがありますか（一般的なケースで問題ありません）。

審査ではなく，受付の段階で診断書の文字が判別できないことがきっかけで，遅くなることがあります。

前提として，障害年金の審査は，年金事務所で行われているわけではなく，日本年金機構の本部で行われており，年金事務所はあくまで申請書の受付になります。

また，年金事務所は，年金制度に対してはさまざまな個別的な事例にも対応しており，多くの知見を備えていますが，医学の専門的知識を有しているわけではありません。たとえば，ドイツ語で記載されている診断書となると，年金事務所や社労士であっても内容を解読するには相当な労力を要します。そうなると，受付を通過しないということは当然審査にも入っていかないことになりますので，支給可否の通知が遅くなるのは至極当然の話です。一般の方であれば，このような申し出がしにくいという声も少なくありませんが，医師から医師（特に元同僚）であれば伝えやすいこともあります。

このようなケース以外にも，多忙である医師ゆえに，本来記入すべき部分が記載されていないことも少なくありません。具体的には，初診年月日や診断書の作成年月日等が抜けているものが散見されます。もちろん，明らかな誤りであるように見受けられても，主治医以外には訂正は（記載した医師本人ではない以上）できません。

また，事後重症請求では，仮に支給決定されたとしても，認定日請求とは異なり，請求月の翌月からの分しか支給されませんので，無理強いはできませんが，可能な限り早く対応してもらえるよう早めに依頼をしておくのが重要です。障害年金は，老齢年金と異なり，自身の保有する記録や書類のみで支給決定まで進めることはできません。現在，医療業界では電子カルテが普及しており，またカルテのほかにも各種記録の電子化が進んでいますが，障害年金の申請で使用する診断書はこれまでどおり紙での発行になり，作成に時間がかかる点（訂正が生じた際には，二重線と訂正印も必要）は押さえておくべきです。

Q105

旧知の医師より，「障害等級の要件を満たすのではないか。」との助言をもらったので，障害年金の申請を考えています。

障害等級以外にどのような要件を満たしていないと，不支給決定になりますか。

A

保険料納付要件を満たしていない場合は，障害等級の要件を満たしていても不支給になります。

障害年金の保険料納付要件は，**「初診日の前日」**において，初診日がある月の「２か月前」までの被保険者期間で，国民年金の保険料納付済期間（厚生年金保険の被保険者期間や共済組合の組合員期間も含む）と保険料免除期間を合わせた期間が（その人の）全体の**３分の２以上**であることが必要です。また，初診日が令和８（2026）年３月末日までであれば，次のすべての条件に該当する場合に限り，保険料納付要件を満たす特例があります。

○　初診日において65歳未満であること
○　初診日の前日において，初診日が属する月の２か月前までの直近１年間に保険料の未納がないこと

初診日の前日において65歳未満であり，直近１年以上勤務医で厚生年金に加入していた場合は，保険料の請求は医療機関に対して行われますので，保険料の未納はなく，**「特例」**で保険料納付要件は満たしていると考えられます。

ただし，国民年金に加入しているにもかかわらず，保険料の未納が続いていた場合は，あくまで「初診日の前日」で保険料の納付要件を判断しますので，慌てて保険料を納めても納付済期間にはなりません。よって，「特例」で保険料納付要件を満たすということは，直近１年間のすべての期間の保険料が初診日の前日までに納付されていることが求められます。

たとえば，預金通帳の残高不足等により口座振替ができず，未納分をまとめて１年後に納付したとすると，これは時効の２年の範囲内ですので保険料の納付済期間にカウントされ，老齢基礎年金額が減額されることはありません。ただし，障害年金は，初診日よりも後に納付されている場合には「事後納付」として扱われ，保険料の納付要件を判断する際には未納として扱われます。

もちろん，特例ではない**「３分の２要件」**で申請できればよいのですが，もし，「３分の２要件」で申請できない場合は，致命傷（障害年金の申請自体ができない）になります。もし，保険料の納付要件が不安な場合は，先に年金事務所で調べることができます。申請できないにもかかわらず先に費用のかかる診断書の取得をしてしまうと，無駄に費用だけがかかることにもなりかねません。特に医学部生時代に不慮の事故に巻き込まれて障害を負ってしまった場合に，学生納付特例の申請をせず，国民年金の保険料も滞納し続けていた場合は，「初診日当日」にまとめて納付しても「事後納付」となるため対象になりません。

ただし，保険料を納めていない状態ではありますが，学生納付特例の申請をしておけば滞納ではありませんので，障害年金の保険料納付要件を判断する際には滞納扱いにはなりません。また，（医師ではあまり多くはありませんが）社会人となっても失業などにより国民年金の保険料の納付が困難となった場合は，国民年金保険料の免除申請をしておくことで滞納扱いにはなりません。

Q106 以前に，有識者に相談した際には，認定日請求は難しいだろうとの判断でした。その後，明らかに症状が悪化しており，事後重症請求を検討しています。事後重症請求をするにあたり，何か注意点はありますか。

A　繰り上げ請求をしていると，そもそも事後重症請求はできません。

老齢年金の繰り上げ請求をすると，**「事後重症請求」**ができなくなります。事後重症請求は，65歳の誕生日の２日前までに行わなければなりません。繰り上げ請求をすると，実際の年齢は65歳前であっても65歳とみなされますので，事後重症請求ができなくなるのです（認定日請求は認められる場合がある）。よって，繰り上げ請求を検討する場合は，障害年金の請求はないのかも含めて判断する必要があります。

また，事後重症請求は認定日請求のように遡及して支給決定されることはなく，請求月の翌月分からの支給となります。よって，症状が悪化している場合には，より早期に年金事務所に相談することが有用です。

Q107　勤務医として在職中で，厚生年金保険に加入中に初診日がある疾患があります。

在職中は障害状態にはなく，退職後に障害状態と認められた場合は，障害年金は受給できますか。

A　制度としては，障害厚生年金の対象になります。認定日請求が不支給決定されても，その後に事後重症請求をすることが可能です。

「障害の原因」となった疾病等の初診日が勤務医としての在職中で，かつ，厚生年金保険の加入中であれば，まずは，障害基礎年金よりも認められる障害等級が広い障害厚生年金の対象になります。

初診日（厚生年金保険）から１年６か月経過後（**障害認定日**）に認定日請求をしたとします（１年６か月を待たずに治癒した場合は，その日が障害認定日として認められることもあります)。たとえ，残念ながら不支給決定がされたとしても，その後に症状が悪化した場合は，事後重症請求が可能です。事後重症請求は，遡及して支給されることはありませんが，65歳の誕生日２日前までであれば請求可能です。

Q108　障害年金の対象となる障害等級は，身体障害者の等級と同じ考え方ですか。

A　身体障害者手帳の等級と障害年金の等級は，必ずしも一致しません。

制度上，１階部分である国民年金から支給される障害基礎年金は，障害の重いほうから１級，２級と定められています。また，２階部分である厚生年金保険から支給される障害厚生年金は，障害の重いほうから１級，２級，３級と定められています。

具体的には，次のとおりです。

（障害の程度１級）

他人の介助を受けなければ，日常生活のことがほとんどできないほどの障害の状態。

例）身の周りのことはかろうじてできるものの，それ以上の活動はできない方（あるいは行うことを制限されている方），入院や在宅介護を必要とし，活動の範囲がベッド周辺に限られるような方。

（障害の程度２級）

必ずしも他人の助けを借りる必要はないものの，日常生活は極めて困難であり，労働によって収入を得ることができないほどの障害の状態。

例）家庭内で軽食をつくるなどの軽い活動はできても，それ以上重い活動はできない方（あるいは行うことを制限されている方），入院や在宅で，活動の範囲が病院内・家屋内に限られるような方。

（障害の程度３級）

労働が著しい制限を受ける，あるいは労働に著しい制限を加えることを必要とするような障害の状態。

例）日常生活にはほとんど支障はないものの，労働については制限がある方。

Q109 フルタイムでの勤務は難しいですが，短時間でも働いてしまうと，障害年金は受給できなくなりますか。

A 「働ける状態だと障害年金は受給できない。」ことはありません。

障害の程度３級の定義として，「労働が著しい制限を受ける，あるいは労働に著しい制限を加えることを必要とする程度のもの」と解されます。

フルタイムの常勤での就労は難しいが，週20時間程度であれば働けるのであれば，フルタイムを週40時間とすると２分の１以下の就労なので，少なくとも「制限」を加えていることにはなります。「働いている（働けている）と障害年金は受給できない。」と安易に決めつけずに，（もちろん不正な申請は許されませんが）**まずは申請できるかどうかを模索すること**が有用です。

また，**健康保険から「傷病手当金」を受給**している場合には，原因となった病気や怪我が障害年金と同一の場合は二重に給付することになるため，併給されません。ただし，両給付を日額に換算し，障害年金よりも傷病手当金のほうが高額である場合は，差額として傷病手当金が支給されます。もちろん，疾病等がまったく別の原因（たとえば，傷病手当金の原因が精神疾患で，障害年金の原因が心臓ペースメーカーによるもの）であれば調整はされません。

Q110

職業柄，「職場」で受診できることもあり，どの日が初診日なのかがまったく整理できておらず，特定が難しい状況です。

障害年金申請にあたっては，初診日が決まらないと制度の特定ができないと聞きましたが，このような場合には，どうしたらいいですか。

第三者証明によって，初診日の証明が認められる場合があります。

ご相談のとおり，**「初診日に加入していた制度」**によって該当する年金が決まります。初診日に厚生年金保険に加入していた場合は，１階部分である国民年金から支給される障害基礎年金（１級～２級）よりも障害等級が広く，２階部分である厚生年金は１級～３級までになりますので，可能な限り厚生年金保険に加入中の初診日であればと願うところです。不正申請とならないよう事実に則して申請をすべきです。

「初診日」とは，「障害の原因」となった疾病等について初めて医師または歯科医師の診察を受けた日です。もちろん，同じ医師または歯科医師の診察を受けた日でも，まったく因果関係のない疾患での受診は対象外です。同じ病院ではなく，複数の病院にまたがって受診していた場合は，**「最初に受診した病院」での受診日が「初診日」**になります。

そして，治療が目的で受診した日になりますので，健康診断の受診日は原則として初診日にはなりません。例外的に，直ちに治療が必要となったときには，受診日が初診日として認められる場合があります。

これらの前提条件を勘案してもまったく見当がつかない場合でも，諦める必要はありません。**「20歳以降」に初診日があると思われる場合**は，まずは受診状況等証明書が添付できない申立書，初診日に関する第三者証明書，申し立てた初診日に関する客観的な参考資料（たとえば，診察券や入院記録，領収書，医療情報サマリー等），初診日頃に受診した医療機関の医療従事者による第三者証明で証明します。

上記のものでも難しい場合は，その他の証明方法によって証明できることがあります。申請した初診日が障害年金上の初診日ではないとわかった（違う日が初診日であった）ときには，その結果として保険料の納付要件を満たした（逆のケースもあり得る）ということも起こり得ます。

Q 111 医学部に在学中の子供が，事故によって障害が残る可能性があります。もちろん，まだ20歳前で年金制度に加入していないので，保険料はまったく納めていません。

障害年金は，受給できますか。

A 20歳前の場合には，保険料の納付要件は問われません。

20歳前では，そもそも年金制度に加入できませんので，保険料の納付要件を問うことができません。ただし，福祉的な意味合いによって，年金制度上の障害状態にあると認められれば，障害基礎年金を受給できる可能性があります。このような福祉的な給付もあることから，国民年金法は，厚生年金保険とは異なり，国民年金「保険」とは規定されていないということです。本給付の正式名称は，**「20歳前傷病による障害基礎年金」**といいます。

障害認定日については，20歳になった日（誕生日の前日）か，または初診日から１年６か月を経過した日の「いずれか遅い日」になります。**先天性の障害の場合**は，原則として出生日を初診日として取り扱うことになり，20歳に達した日が障害認定日になります。よって，「18歳６か月以前」に初診日があれば，初診日が10歳でも障害認定日は20歳になります。すなわち，「18歳６か月よりも前」に受診が確認できる場合は，初診日の証明ができなくても，申し立てた日を初診日として認められるように簡略化されました。

本相談事例のように医学部に在学中の事故であれば，「18歳６か月以前」とは考え難いため，20歳になった日（誕生日の前日）か，または初診日から１年６か月経過した日の「いずれか遅い日」のうち，「初診日から１年６か月経過した日」が**障害認定**日になると考えられます。

Q112　一旦は治癒しており，その後に再発した場合でも，初診日は当初の初診日を起点に判断されますか。

A　「社会的治癒」として認められる場合に限り，初診日が変わることがあります。

「初診日」は１日しかありませんので，複数存在することはあり得ません。ただし，例外的に，申し立てによって他の日が「初診日」と認められる場合があり，その日を「社会的治癒」と呼びます。**「社会的治癒」**とは，医学的には治癒していないものの，通常の社会生活を営むことについては問題なくなり，かつ，当該期間が一定以上続いていることが客観的に認められる場合に限って一旦は治癒したものとみなし，その後に以前と同様の疾患が再発したとしても新たな疾病を発病したとみなすことです。

そこで，再発した際に受診をすると，**「新たな初診日」**として初診日が変わるのです。

社会的治癒については，障害年金の制度上，明確な基準が存在するものではありませんが，症状が消失し，原則として療養の必要がないことや，長期的に自覚症状がないこと，通常の社会生活を長期間にわたり継続できていること等があげられます。社会的治癒は，いわゆる「救済的な意味合い」で設けられているものですが，あくまで主張して認められた場合に限って適用されますので，審査の過程で自動的に適用されるものではありません。したがって，当初の初診日では保険料の納付要件を満たしていなくても，社会的治癒が認められた結果として初診日が変わり，保険料納付要件を満たすこともあり得ます。

Q113 障害年金とは別に一定の障害が認められれば特例があると聞きましたが，どのような制度ですか。

A 「障害者特例」の制度があります。

この制度は，厚生年金保険の特別支給の老齢厚生年金の受給権者であり，「報酬比例部分」の年金を受給している方が一定の要件に該当すると，報酬比例部分だけでなく定額部分も受給できる制度です。これは**「障害者特例」**と呼ばれ，請求月の翌月から受給が可能となります。

（障害者特例の要件）
① 特別支給の老齢厚生年金の受給権者であること
② 厚生年金保険法に規定する障害等級３級以上の障害状態にあること
③ 厚生年金保険の資格喪失をしていること

①については，老後の年金の受給資格要件を満たし，かつ，１年以上厚生年金保険に加入していることで要件を満たします。

②については，医師の診断書に基づいて判断されますが，既に障害年金を受給中であれば，診断書の添付は不要です。ただし，障害年金の受給権は発生したものの支給停止中の場合は，診断書の提出が必要です。

③については，「資格喪失すること」というと退職する必要があるように考えられがちですが，退職しなければならないことはなく，役員でない場合は労働時間を短くすることでも厚生年金保険の資格喪失は可能です。

もちろん，退職や労働時間を短くすることによる収入減と障害者特例による給付額を比較し，申請するか否かを判断することも考えられます。障害者特例は，定額部分が加算されるだけでなく，自身で厚生年金保険に20年以上加入していた場合で，かつ，65歳未満の配偶者や18歳年度末に達する前の子（障害状態にある場合は20歳未満）がいる場合は，加給年金の対象になります。なお，障害者特例をふまえた年金額の概算は，年金事務所でも算出してもらうことができます。既に退職届提出後では，（医療機関の規定上）退職の意思表示の撤回ができないこともありますので，早めに確認しておくことが有用です。

また，年金は「１人１年金の原則」であることから，障害者特例による老齢年金は区分としては老齢年金扱いになり，他に障害年金を受給できる場合は，いずれか一方を選択しなければなりません。判断の基準となる部分としては，**障害年金は非課税**である反面，**障害者特例は課税対象**であることがあげられます。課税対象とは，単に所得税の問題だけでなく，扶養に入っていなければ国民健康保険料にも影響します。そして，**障害者特例は「請求」する必要があり**ます。

老齢年金においては，（日本年金機構でも年齢を把握しているため）年齢到達を契機に請求書が送付されてきますが，疾患等によって変動が起こり得る**「障害状態」は**（更新も必要な障害年金を受給中の場合を除き），日本年金機構でも把握できていませんので，**請求しなければなりません**。ただし，「請求があったものとみなされる」という例外的な取り決めがあります。たとえば，障害年金の受給権を有している方で，かつ，厚生年金保険にも加入していない場合は，障害年金の受給権を有することとなった日に障害者特例の請求があったものとみなすという規定があります。

Q114 障害年金を受けることによって生ずるデメリットはありますか。

A 1つは，老齢基礎年金が低額になります。

障害基礎年金の支給が認められると，国民年金保険料が免除されるようになります。保険料免除対象者の年金は，65歳から支給開始される老齢基礎年金が（保険料納付済者と比べて）低額になるデメリットがあります。もちろん一生涯にわたって障害年金の受給が確約されていれば大きな問題にはならないかもしれませんが，障害年金には**「更新」**の手続きがあります。もし，障害年金が支給停止となった場合を考えると，一抹の不安は残ります。そのため，免除期間であっても申請によって保険料を納付することができますので，必然的に老齢基礎年金を受給するようになっても，低額となるリスクを回避できることになります。

また，配偶者の加給年金が停止されるデメリットがあります。加給年金額の対象となっている配偶者が，次のいずれかの年金を受給できる権利があるときは，配偶者は加給年金を受給することができません。

① 厚生年金への加入期間が20年以上の老齢，退職を支給事由とする年金
② 障害年金

Q 115　一度，障害年金の支給が決定すると，その後はいつまで受給できますか。

A　障害の状態によって，更新があります。

障害年金の支給決定後は，老齢年金のように必ず死亡する月まで受給が確約されているわけではありません。**「障害状態確認届」**により，継続して障害年金の**支給対象者となり得るかどうかの「更新」**があります。もちろん，障害の種類や症状によって更新の期間は１～５年と幅がありますが，日本年金機構より誕生月の３か月前の月末に書類が送付されてきます。診断書の記載欄は，受診のタイミング等で主治医に記載してもらう必要があります。提出を失念していた場合や記載内容に明らかな不備が見つかった場合は，障害年金の支給が停止されることがあります。

更新の基準は，心身の状況や日常生活への影響度を総合的に勘案して審査が行われます。もちろん，誇大して記載することは不正にあたりますが，主治医（関係性が薄い場合は，尚更）は常日頃生活を共にする家族でもないため，特に日常生活への障害の影響度が誤って伝わってしまったがゆえに不支給となるのは避けたいところです。よって，受領した診断書が明らかに誤認といわざるを得ない記載内容の場合は，必要に応じて修正を依頼するのが適切です。提出後は，概ね３か月後に結果が送付されます。障害等級に変動がない場合は次回のお知らせが郵送され，障害等級に変動がある場合は支払額変更通知書が郵送されてきます。等級変動に伴い，実際に年金額が変わるのは，「更新月の翌月支給分」からです。なお，提出が遅れた等の理由により，既に変更前の年金額で支給されている場合は，調整が行われます。

一方で，**「永久認定」**と呼ばれ，たとえば，手足の切断など時間が経ったとしても医学的に状況に変化がないことが明らかな障害は，更新の手続きはありません。更新にあたっての審査は，請求時と同様に「書面のみ」で行われます。

実際に症状が緩和して支給されなくなるのは，ある意味で喜ばしい側面もありますが，症状が悪化しているにもかかわらず，更新の失念や主治医へ状況が正確に伝わらずに支給停止されるのは避けたいところです。障害年金は，老齢年金と異なり（支給決定後は自動的に死亡月まで支給されるとは限らない），更新があることは抜け落しがちです。

Q116 障害年金を受給しながら，勤務医である子の扶養に入ることは可能ですか。

A 障害年金受給者であっても年間収入が180万円未満であれば，扶養に入ることができます。

社会保険上の扶養は，原則として被扶養者の年間収入が130万円未満ですが，障害年金受給者の場合は130万円未満ではなく，180万円未満になります。ただし，この年間収入には，他の収入（たとえば，失業保険）も含まれます。

本相談事例では，勤務医である子の扶養に入る場合には，年金制度においては第３号被保険者にはなれませんので，ご相談者が60歳未満であれば，国民年金第１号被保険者として手続きをする必要があります（既に第１号被保険者になっている場合は継続して加入）。第３号被保険者の要件は，国民年金第２号被保険者（この時点では，勤務医である子も同様と思われる）の「被扶養配偶者」が要件となるためです。ただし，障害等級２級以上の障害年金を受給中の場合は，国民年金保険料が免除されますので，結果的に保険料の納付は不要になり，既に納めていた国民年金保険料は返還されます。なお，申し出によって納付することは可能です。納付するメリットとしては，当該免除期間は，老齢基礎年金の額に一部反映しなくなる（平成21（2009）年４月１日以降の期間は納付済期間に対して半額で計算する）ためです（納付することによって老齢基礎年金の減額を避けることができます）。

Q117 特別支給の老齢厚生年金と失業保険は併給できないようですが，障害年金と失業保険も併給できませんか。

A 障害年金と失業保険は，併給が可能です。

特別支給の老齢厚生年金とは異なり，障害年金と失業保険はまったく調整されることなく，同時に満額の受給が可能です。ただし，これは法律上の調整規定がないというに過ぎず，そもそも失業保険は働く意思や能力を有していながら働くことができない方に対しての給付です。

障害等級１級～２級に該当する障害年金を受給中の場合は，その時点で失業保険の受給資格に疑問符が生ずるといえます。ただし，２階部分の厚生年金保険から支給する障害厚生年金には，障害等級の「３級」が設けられています。３級の考え方は，「労働が著しい制限を受けるか，または労働に著しい制限を加えることを必要とするような状態」と解されます。それは働ける状態（労働能力の喪失が前提となっていない）であっても，障害年金の支給対象になり得ることを意味しますので，障害厚生年金３級と失業保険の併給は，現実的にもあり得る話です。

Q118 障害年金を受給してしまうと，いくら医師であっても再就職は難しくなりますか。

A 一定規模以上の企業であれば，「障害者の雇用義務」があります。

障害者雇用促進法43条１項により，従業員を一定数以上雇用する事業主は，従業員に占める身体障害者や知的障害者，精神障害者の割合を「法定雇用率（民間企業の場合は2.3%」以上にする義務があります。**一定数以上**とは，従業員を43.5人以上雇用している場合は障害者を最低１人以上雇用しなければならないということです。なお，この数値は，今後も拡大される見通しです。よって，ある程度の規模（たとえば，有床医療機関）であれば，必然的にバリアフリー等の設備も整っていることが多く，相応の配慮もあり，働きやすい環境とも考えられます。

Q119 現在，障害年金を受給していますが，明らかに症状が悪化しています。この場合でも，更新を待たなければなりませんか。

A 受給権者からの請求による改定も可能です。

医師であれば，障害の程度が明らかに増進したことを，一般の方よりも早期に判断ができると考えられます。もちろん，認められるかどうかは別問題ですが，受給権者側からの請求自体は可能です。

この**改定請求**は，原則として受給権を取得した日または日本年金機構の審査を受けた日から１年を経過した日後でなければ行うことができません。ただし，障害の程度の増進が明らかな場合は，１年未満の改定請求が認められています。

120　明らかに障害の程度が重くなったときに，１年未満の改定請求ができる場合とは，どのようなケースですか。

A　**請求時の障害の状態および障害等級に応じて基準があります。**

眼，聴覚・言語機能，肢体，内部，その他，それぞれの基準があります。たとえば，肢体で請求時の障害等級が３級であったときは，「両上肢の親指および人差し指または中指を欠くもの」に該当した場合があげられます。ただし，改定請求したとしても，必ず上位等級が認められるとは限りません。

第7章　医師が注意すべき離婚時の年金分割

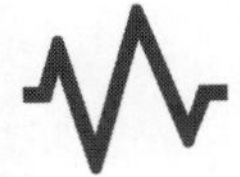

Q121　離婚した場合には，年金の分割制度があると聞きました。どのような制度ですか。

婚姻期間中の厚生年金保険の記録が分割できる制度です。

離婚時の年金分割とは，夫婦としての婚姻期間中の厚生年金保険の記録を当事者間で分割できる制度です。具体的には，厚生年金保険の標準報酬月額と標準賞与額です。あくまで**「婚姻期間中」の分に限定**され，当事者間の合意や裁判によって決まった按分割合によって分割が行われます。婚姻期間中の標準報酬の総額の多いほうから少ないほうへ分割する（分け与える）ことになります。分割する（分け与える）側のことを**「第１号改定者」**と呼び，分割を受ける（分け与えられる）側のことを**「第２号改定者」**と呼びます。一般的には，夫が第１号改定者となり，妻が第２号改定者になることが多いですが，逆もあります。

本来，年金各法では，年金給付を受ける権利を譲り渡し，担保に供し，または差し押さえることはできないと規定されています。この規定は，受給権者の権利を保護する趣旨で設けられているものです。当該規定が存在しなかったとすると，たとえば，失業等によって一時的な利益確保に奔走した結果として年金受給権を譲渡または担保に供した場合は，「老後の生活保障」という年金本来の役割が没却され，国民生活の安定を図るはずの年金制度の趣旨にそぐわない事態が想定されます。よって，年金受給権は，受給権者自身に専属するものであり，受給権者の死亡によって消滅します。

一方，特に被用者年金制度（厚生年金，共済年金）には，世帯単位という性質があり，老後の年金（老齢厚生年金や加給年金）は加入者自身に支払われ，それによって配偶者も生活する仕組みです。しかし，日々の労働や保険料の拠出は，夫婦としての共同生活（協力関係）によってなし得るものであるにもかかわらず，離婚によって生計関係がなくなってしまった結果として，一方のみに（夫の場合が多い）現役世代の加入実績に応じた年金が支給されるのは婚姻期間中の共同生活（協力関係）が十分に反映されているとは言い難く，平成19（2007）年４月１日（３号分割は，平成20（2008）年４月１日）に制度が施行されています。また，この制度を活用するには，原則として離婚等をした日から起算して２年以内でなければなりません。ただし，当事者の一方が死亡した場合は，死亡した日から起算して１か月以内に請求があったときには，当事者の一方が死亡した日の前日に請求があったものとみなす規定があります。

Q122 年金分割にも種類があると聞きました。どのような種類がありますか。

離婚時の年金分割（合意分割）と３号分割の２種類があります。

離婚時の年金分割制度は，厚生年金保険法に規定されている制度で，国民年金法には規定がありません。また，ひとくちに離婚時の年金分割といっても，制度上は次の２つの制度に分かれています。

①　離婚時の年金分割（合意分割）
②　３号分割

①の**「合意分割」**は，原則として**Q121**のとおりです。

②の**「３号分割」**は，「国民年金第３号被保険者」からの請求によって「平成20（2008）年４月１日以後」の婚姻期間中の第３号被保険者期間における相手方の厚生年金保険の記録を当事者間で分割できる制度です。具体的には，厚生年金保険の標準報酬月額と標準賞与額で，按分割合は50％になります。

離婚時の年金分割と同様に，請求は原則として離婚等をした日の翌日から起算して２年以内でなければなりません。合意分割との相違点は，請求にあたって当事者双方の合意が必要ない点です。ただし，分割する（分け与える）側が障害厚生年金の受給権者であり，分割の請求対象となる期間を年金額の基礎としている場合は，受給権保護の観点から３号分割請求はできません。また，合意分割の対象となる期間に３号分割の対象となる期間が含まれている場合は，合意分割を請求した時点で３号分割の請求があったものとみなされます。

Q123　離婚時の年金分割の請求をされると，年金が半分になるという理解でいいですか。

A　あくまで婚姻期間中の厚生年金保険の標準報酬月額と標準賞与額の分割です。

よくある誤解です。配偶者から離婚時の年金分割の請求があると，自身の年金が半分になるということではありません。あくまでも，婚姻期間中の厚生年金保険の標準報酬月額と標準賞与額について分割をすることになります。

相続者が**第１号改定者であれば分割する側**になりますので，将来受給できる年金額が低くなることにはなりますが，「年金額の半分を」分け与えることではありません。また，１階部分である国民年金から支給される老齢基礎年金は，そもそも離婚時の年金分割の対象ではありませんので（あくまで離婚時の年金分割は厚生年金保険法の中に規定されている），影響がない部分の年金です。

また，「３号分割」とは異なり，**「合意分割」は双方の合意が必要**であり，かつ，**按分割合の上限が50%**と定められています。なお，「合意」については，当事者間で決定した場合はその決定した割合になり，当事者間で合意ができない場合は（一方の申し立てにより）家事審判手続き，家事調停手続き，民事訴訟手続きによって按分割合を決定します。

Q124 離婚時の年金分割をした後に死亡した場合は，分割した分はどのような扱いになりますか。

A 分割した年金記録は，死亡によって変更されることはありません。

第１号改定者（分割した側）の目線では，一旦第２号改定者に分割された年金記録は第２号改定者が死亡したからといって変更される（戻ってくる）ことはありません。これは第１号改定者が死亡した場合も同じで，第２号改定者に分割された年金記録は第１号改定者の死亡によって変更されることもありません。

ただし，第２号改定者として「勤務医の妻」が離婚した元夫（第１号改定者）から年金記録の分割を受けて，しかもその元夫の加入期間の大部分が厚生年金保険の最高等級（32等級・650,000円）であったにもかかわらず，第２号改定者（元妻）が離婚後に国民年金保険料の滞納が続き，老後の年金の受給資格を得ていなければ，そもそも年金の受給はできないことになります。

Q125　夫婦で医師です。離婚時の年金分割をしたほうがよい場合とは，どのようなケースですか。

A　あなたが第２号改定者であれば，請求することで分割を受ける側になります。

相続者が**第２号改定者であれば**，対象となる期間の標準報酬総額が少ない者になりますので，**分割を受ける側**になります。按分割合の上限は50％で，第２号改定者の持ち分が第１号改定者の持ち分を超えないように決める必要があります。

また，ご自身が第１改定者または第２号改定者のどちらにあたるのかがわからない状態で請求するのはリスクが大きすぎるため，まずは**「情報通知書」**の請求をすることが望まれます。これは，２人揃ってでも１人でも請求が可能です。また，50歳以上の者で老後の年金の受給資格を満たしていれば，年金分割時の老齢厚生年金の見込み額の試算も可能です。２人で請求した場合は，日本年金機構からそれぞれに交付され，１人で請求した場合は請求者にのみ交付されます。ただし，あくまで**婚姻期間中が分割の対象**であるため，婚姻期間を明らかにする書類（請求日から６か月以内に交付されたそれぞれの戸籍謄本または戸籍抄本）が必要です。

また，情報通知書は，離婚前の請求も可能です。その場合は，婚姻日のみ確認ができれば問題ありません（離婚後に請求する場合は，婚姻日と離婚日が書面で確認できる必要がある）。その他には，自身の身分証明書（個人番号カード等）が必要です。請求は，最寄りの年金事務所で行うことができます。

【按分割合50%の分割イメージ】

【分割前】	第１号改定者 75%	第２号改定者 75%
【分割後】	第１号改定者 50%	第２号改定者 50%

（出典）日本年金機構：『離婚時の年金分割について』「[参考]「年金分割のための情報通知書」の見方」

126 病気がちな夫との熟年離婚を検討しています。遺族年金と離婚時の年金分割をした場合には，どのような制度的な差がありますか。

A 65歳前の期間で差が生じます。

遺族年金は夫婦であること（死亡によって実際には夫婦関係はなくなっている）が前提であるのに対して，離婚時の年金分割では夫婦でなくなったことが前提となります。

遺族年金については（**第５章**で詳述している），受給権者が女性の場合は，男性とは異なり，受給開始年齢に制限はなく，死亡月の翌月から受給開始となります。

離婚時の年金分割は，画一的に分割した翌月から受給できる制度ではありません。分割された側の受給開始年齢（原則として65歳から）到達月の翌月から，分割分が反映した年金が受給できます。場合によっては，ご自身が分割する側になる（双方が医師というケースであればあり得る）ことも想定されます。また，年金分割を行っても65歳前に死亡してしまっては，分割分を反映した年金どころか一切の年金を受給できないことも想定されます。

たとえば，双方とも医師で，老後の年金の受給開始年齢は65歳，夫が第１号改定者，妻が第２号改定者になる家庭で，制度的な変更が生ずる65歳前後で比較します。

この場合は，妻が第２号改定者になりますので，「遺族年金」では65歳前であっても遺族厚生年金を受給できます（生計維持関係を満たしていることを前提とする）。65歳以降は，１階部分である国民年金から支給される老齢基礎年金と２階部分である厚生年金から支給される老齢厚生年金を優先的に受給し，老齢厚生年金との差額として遺族厚生年金が受給できます。

一方，離婚時の年金分割では，遺族厚生年金のように65歳前から年金の支給はありません。65歳以後は，１階部分である国民年金から支給される老齢基礎年金と２階部分である厚生年金から支給される老齢厚生年金（この部分には分割された記録が反映）が支給されることになります。また，在職老齢年金の対象にもならない遺族年金には，税制上非課税であるという老齢年金にはないメリットがあります。離婚時の年金分割は合意によって最大50％であるのに対して，遺族年金は死亡した者の75％（65歳以降は制度上，実質的に目減りするものの）が受給対象になります。

	65歳前	65歳以降
遺族年金	遺族厚生年金	老齢基礎年金＋老齢厚生年金＋遺族厚生年金
年金分割	※特別支給の老齢厚生年金の受給権があれば反映あり	老齢基礎年金＋老齢厚生年金

もちろん，このことのみをもって，離婚するか否かを決めるのは本質的ではありませんが，制度的な部分は，専門家を除き，当事者にならなければ本腰を入れて考える機会すらないと考えられます。よって，制度的な仕組みの違いを事前に知っておくことで，想定外の損失を回避することができます。

Q127 離婚時年金分割の後に死亡した場合には，遺された子供は分割を受けた期間を勘案した遺族年金を受給することができますか。

A 「長期要件の遺族厚生年金」においては，離婚時みなし被保険者期間として算入されます。

分割によって受けた分の被保険者期間を**「離婚時みなし被保険者期間」**と呼びます。本相談事例である遺族年金において，離婚時みなし被保険者期間は，**遺族厚生年金の長期要件の計算に算入**されます。たとえば，母のみで受給資格要件を満たし，その後に当該母が死亡した場合は，18歳未満の子は，離婚時みなし被保険者期間分の遺族厚生年金と遺族基礎年金を合算して受給することができます。

また，極端な例ですが，第２号改定者である母の国民年金保険料の納付済期間等が「25年以上」あり，その後に死亡した場合は，ご自身の厚生年金の加入期間がないとしても，子は離婚時みなし被保険者期間分の遺族厚生年金の請求が可能です。ただし，長期要件の遺族厚生年金は，老後の年金の受給資格要件として加入期間が10年以上ではなく，「25年以上」が必要です。この25年には，保険料の納付済期間だけでなく，保険料の免除期間等も含まれます。

Q128　障害年金を受けている場合でも，専業主婦である妻から離婚を切り出されたときには，年金分割で分割をすることになりますか。

A　３号分割の場合は，対象になりません。

離婚時の年金分割には，**合意分割**と**３号分割**があります。双方の相違点として，３号分割は合意が不要とされています。また，改定割合は一律に50％（合意分割は合意が必要であり，改定割合はあくまで上限が50％）とされています。よって，第１号改定者が障害厚生年金の受給権者である場合は，合意分割は規定がないものの，合意が不要とされる３号分割では「不可」とされています。

この理由として，夫の障害厚生年金の年金額の基礎となっている部分の分割を行うことで障害厚生年金の額が少なくなってしまいますので，障害厚生年金の支給趣旨を勘案すると適切とは言い難く，合意不要で事実上，**強制的に分割の対象となる３号分割の対象からは除く**とされています（障害認定日が平成20（2008）年３月より前である場合は除く）。反対に，妻が障害厚生年金の受給権者であれば年金額はむしろ増えることになるため，合意分割，３号分割ともに可能です。

また，障害年金の受給資格要件には，**「初診日要件」**があります。ただし，離婚時みなし被保険者期間に初診日があっても，要件を満たすことにはなりません。

Q129 離婚時の年金分割を実行した場合は，どのようなものが自身の年金記録に算入されますか。

A 算入されないものと算入されるものが，明確に区分されています。

離婚時みなし被保険者期間（合意分割を受けた期間）と**被扶養配偶者みなし被保険者期間**（３号分割を受けた期間）では，次のとおり算入されないものと算入されるものがあります。

（算入されないもの）
① 老齢厚生年金の加給年金の加算要件（20年以上の要件を判定する場合）
② 特別支給の老齢厚生年金の支給要件（１年以上の要件を判定する場合）
③ 特別支給の老齢厚生年金の定額部分の計算
④ 長期加入者の特例（44年以上の要件を判定する場合）
⑤ 国民年金の保険料納付済期間
⑥ 老齢基礎年金の受給資格期間

（算入されるもの）
① 平均標準報酬月額の算定
② 報酬比例部分の計算
③ 長期要件の遺族厚生年金
④ 振替加算を行うか否かの判定（振替加算が加算される老齢基礎年金の受給権者が老齢厚生年金を受給できる場合で当該支給額の計算の基礎となる期間が20年以上であるか否かを判定する場合）

絶対に誤解してはならない点は，「算入されないもの」の⑥です。**老齢基礎年金の受給資格期間**は，平成29（2017）年８月１日以降は旧来の**25年から10年に短縮**されています。離婚時の年金分割で第２号改定者となり，一定の分割を受けたとしても「受給資格期間」には算入されませんので，ご自身で受給資格を得なければ，実質的に分割の恩恵をまったく受けることができません。

また，「算入されないもの」の①も，注意が必要です。**「老齢厚生年金の加給年金の加算要件（20年以上の要件を判定する場合）」**ですが，再婚によって生計維持関係にある65歳未満の配偶者を有することになっても，加給年金の要件である厚生年金の被保険者期間が原則「20年以上」との要件には，離婚時みなし被保険者期間も被扶養配偶者みなし被保険者期間（３号分割によって分割を受けた期間）も算入されません。

Q130　夫が開業医（国民年金に加入）で妻が勤務医（厚生年金に加入）の場合には，離婚時の年金分割はすべきですか。

A　妻の目線でみると，請求した場合には，分割する側（分け与える側）になる可能性があります。

もちろん，すべての期間を見たうえで確認すべきですが，夫が長期間にわたり国民年金に加入で，妻が長期間にわたり厚生年金に加入の場合は，妻のほうが厚生年金の加入期間は長いことが考えられます。合意分割は，標準報酬総額の多い者から少ない者へ分け与えることになり，性別による差異はありません。

夫が開業医で国民年金に加入中ではなく**専業主夫**であった場合は，第３号被保険者になっていると考えられますので，同様の理由です。

Q131 夫が勤務医（厚生年金に加入）で，妻が開業医（国民年金に加入）の場合は，離婚時の年金分割はすべきですか。

A 妻の目線でみると，請求した場合には，分割を受ける側（分け与えられる側）になる可能性があります。

Q130とは逆の事例になります。**合意分割**は，標準報酬総額の多い者から少ない者へ分割することになり，性別による差異はありません。よって，夫が長期間にわたって厚生年金の加入の場合は，夫のほうが厚生年金の加入期間は長いことが考えられますので，請求することで妻が第２号改定者となり，分割を受ける側になる可能性が高くなります。遺族年金と異なり，分割された年金はすぐに支給されるわけではありません（妻が受給する遺族年金は，年齢を問わず夫の死亡の翌月から支給）。妻が特別支給の老齢厚生年金を受給できる場合は，生年月日に応じて受給開始年齢が定められています。

ただし，特別支給の老齢厚生年金は，本来支給の老齢厚生年金と異なり，厚生年金への加入期間が１年以上必要です。**Q129**のとおり，特別支給の老齢厚生年金の「支給要件」（１年以上の要件を判定する場合）には，分割を受けた期間は反映されませんので，ご自身で厚生年金に１年以上加入している必要があります。

Q132 夫婦ともに勤務医の場合は，離婚時の年金分割はすべきでしょうか。

A 「情報提供請求書」で確認した後に進めるべきです。

医師は，性別による賃金差が少ない職業です。ここでは，よりその意味が大きくなります。

一般職であれば，育児休業を取るのはほぼ女性であり，法律上，子の１歳の誕生日の前日までは取得が可能です。

一方で，医師の場合は，もちろん取得するのは女性が多いものの，子の１歳の誕生日の前日までは取得せず，早期に復帰するケースが少なくありません。また，宿日直当番や各種手当についても性別によっての賃金差はありませんので，夫婦で勤務医の場合は，単純にこれまでの加入期間と給与水準のみで判断することはほぼ不可能です。

情報提供請求書は，当事者のどちらからでも請求可能であり，離婚前でも可能です。提供される情報として必ず着目すべき部分は，第１号改定者の氏名と対象期間となる標準報酬総額，第２号改定者の氏名と対象期間となる標準報酬総額です。また，50歳以上の者で，老後の年金の受給資格を満たしていれば，年金分割時の老齢厚生年金の見込み額の試算もできます。

なお，次の場合には，**情報提供がされない**ことになっています。

○　既に分割請求が行われた離婚等に係る請求
○　離婚が成立した日の翌日から２年を経過している
○　婚姻が取り消された日の翌日から２年を経過している
○　事実婚関係が解消したと認められる日の翌日から２年を経過している
○　情報提供を受けた日の翌日から３か月を経過していない日（ただし，次の場合を除く）

ア　国民年金被保険者の種別変更があった場合
イ　養育特例の申し出が行われた場合
ウ　第３号被保険者該当届が行われた場合
エ　按分割合に係る審判または調停等の申し立てをするために必要な場合

Q133　「情報提供通知書」の請求を相手方に知られたくないので，秘密裏に進めることはできますか。

A　単独申請も可能であり，通知書の送付先の指定も可能です。

この**情報提供通知書**は，特にセンシティブな内容であり，かつ，**離婚成立前でも請求が可能**です。

年金事務所に相談したその日に発行してもらうことはできませんが，書面の送付先を指定すること（年金事務所で受け取ることも可能ですが，多忙な医師の場合は，住民票上の住所だと夫または妻に見られてしまうため，実家に送付してもらうなど）は可能です。

共同で申請した場合はそれぞれに書面が交付され，１人で請求した場合は離婚前であれば請求者のみに交付されます（年金事務所の窓口での交付も可能）。離婚後であれば，請求していない者にも書面が交付されます。

また，請求にあたっては，単に書面を記載するのみでは足りず，請求者本人の基礎年金番号を明らかにすることができる書類（たとえば，年金手帳）と婚姻期間を明らかにすることができる書類（たとえば，それぞれの戸籍謄本）の添付が必要です。

事実婚の場合には，併せて住民票の添付も必要になります。

Q134 離婚を考えています。離婚時の年金分割の全体像としては，どのような流れで進みますか。

A 原則として，次の３段階で進められていきます。

① 情報提供通知書の請求
② 夫婦双方での話し合い
③ 分割請求

(1) 情報提供通知書の請求

夫婦のどちらが第１号改定者（または第２号改定者）になるのか，対象期間の標準報酬総額を確認します。

離婚前であっても可能であることと，単独でも請求が可能であるため，時間を要することは少ないといえます。

(2) 夫婦双方での話し合い

公正証書の作成や，**「年金分割の合意書」**（夫婦間での標準報酬の改定請求をすること，請求すべき按分割合を何パーセントとするのかを記載した書面）を，①と同様に年金事務所に提出します。ただし，「年金分割の合意書」は，夫またはその代理人および妻またはその代理人が共に年金事務所に直接持参しなければなりません（２人で持参が必須）。また，**「合意内容」**は，夫または妻**本人が記載**しなければならず，委任状がある場合であっても代理人が代筆することはできません。

夫婦双方での話し合いが困難（感情的な部分が引き金となる等）になり弁護士に依頼をする場合や，そもそも業務多忙により腰を据えた話し合いの場が確保できない等の事情が重なると，時間を要することがあります。また，「年金分割の合意書」は，多くの年金に係る書面の簡略化（遺族年金の裁定請求書への押印は必須ではなくなったなど）がされているものの，この書類に関しては前述どおりの厳格な方法での届出（２名での年金事務所来訪等）が必須になり，通常の年金請求と同様の認識をされているケース（結果的にその日は年金事務所で受付ができず再訪せざるを得なくなる）も少なくありません。

⑶　分割請求

夫が第１号改定者，妻が第２号改定者である場合は，この手続きで夫の標準報酬の一部が妻に分割されることになります。

Q135　離婚時の年金分割は，遅くともいつまでに行わなければなりませんか。

A　離婚から２年を経過してしまうと，請求ができなくなります。

原則として，「離婚給付」と区分されるものには，次の３つがあります。

① 財産分与
② 慰謝料
③ 年金分割

これらのうち③の年金分割については，**離婚した日の翌日から２年**を経過すると請求することができなくなります。また，離婚等が成立し，相手方が死亡してしまうと，当該死亡日から起算して１か月を経過した場合も同様に請求ができなくなります。

年金分割の対象は，あくまで２階部分である厚生年金のみが対象であり，１階部分の国民年金や３階部分（たとえば，確定給付企業年金（DB））は，厚生年金保険法で規定する年金分割の対象とはなりません。３階部分も請求したい場合は，厚生年金保険法で規定する年金分割の範疇を超えているため，①の財産分与の申し立てということで（相手方に対して離婚時の年金分割とは別に）申し出をすることになります。

そして，短期間での離婚となった場合は，あくまでも分割の対象期間となるのは「婚姻期間」であるため，（ゼロではないにせよ）実質的にほぼ実益がないこともあります。

136 事実婚状態ですが，その状態を解消した場合も，分割請求の対象になりますか。

A　規定上は対象になりますが，一定の証明が必要です。

離婚時の年金分割で規定する「離婚等」には，その他の厚生労働省令で定める事由（厚生年金保険法施行規則78条）として，「婚姻の届出をしていないが事実上婚姻関係と同様の事情（いわゆる事実婚）にあった当事者について，（多くの場合は）夫の被扶養配偶者である第３号被保険者であった（多くの場合は）妻が第３号被保険者としての国民年金の資格を喪失し，事実婚が解消したと認められること」という規定があります。よって，事実婚の解消であっても，対象にはなり得るということです（法律婚の場合でも，一定の証明は必要）。

もちろん，当事者同士が正式な婚姻関係（事実婚状態から法律婚状態へ）となった場合は，もはや「結婚」といえるので，事実婚状態の解消ではあっても「離婚等」の定義からは除かれています。

Q137 離婚をすることを決意しましたが，お互い業務もあり，専門家に委ねる予定です。
誰に何を依頼すればいいですか。

A 離婚事件の大部分は弁護士で，年金分野に限っては社労士になります。

弁護士の業務領域は，非常に多岐にわたり，離婚事件を専門に扱う弁護士，労働事件を専門に扱う弁護士，特定の領域に限定せずさまざまな事件を扱う弁護士等がいます。これは，社労士も例外ではありません。社労士の場合も，労働分野，社会保険分野と業務領域は多岐にわたります。

離婚は一生のうちに何度も起こることではありませんので，依頼者の目線からは，より多くの離婚事例を扱っている専門家に依頼したいという気持ちになるはずです。離婚時の年金分割に限っては，離婚の相談をした弁護士から連携している社労士への紹介があるケースもあります。一度話を聞いてみて，相性等を考慮してから決めるのがよいでしょう。

Q138 按分割合は50%で合意分割の予定です。
情報提供請求書の通知書を見ると，影響がないはずの老齢基礎年金が「分割を行わない場合」のほうが見込み額が高いと出ていますが，どういうことですか。

A 分割を受けることで，老齢基礎年金へ加算される「振替加算」がなくなるためと考えられます。

離婚時の年金分割は，厚生年金の標準報酬の分割ですので，ご理解のとおり，国民年金の分割はありません。なぜ，分割によって，国民年金から支給される老齢基礎年金が減額になるのでしょうか。

これは，厚生年金への加入期間が20年未満であっても，分割を受けることで離婚時みなし被保険者期間を含めて（厚生年金への加入期間が）20年以上になると，**振替加算の対象ではなくなるため**です。離婚時みなし被保険者期間は，本来は，厚生年金の被保険者期間ではなかったものの，分割を受けることで厚生年金へ加入していたことになるため，このようなことが起こります。

振替加算は，加給年金と比べて金額は少額ですが，一生涯にわたって受給できることと，離婚後に相手方が死亡しても受給できるという利点がありますので，決して小さな問題ではありません。

Q139 68歳で，既に年金を受給しています。この状況下で離婚を検討していますが，年金受給開始後の年金分割とは，どのような仕組みですか。

A　請求した翌月からの改定になります。

ご相談者が**第２号改定者**となるのであれば，双方で合意後に速やかに改定請求することが望まれます。なぜなら，**分割請求をした翌月からでなければ改定されない**からです。年金が増えるのは請求した翌月となるため，請求が遅くなればなるほど改定月も後ろに延びることになります。もちろん，夫婦双方での合意形成も一定の時間と労力を要することがありますので，その点も踏まえておくべきです。

また，離婚後２年を経過してしまうと，仮に年金を受給中でなくても請求できなくなりますので，絶対に忘れてはならない点です。

老後の年金を請求したことならまだしも，分割請求（標準報酬の改定請求）をしたという事実は，職場には知られたくありません。

分割請求をすると，職場に知られてしまいますか。

A

職場には，通知されません。

厚生年金保険法78条の16（通知）には，次の条文があります。分割請求をした事実は，非常にセンシティブな情報ですので，事業主（職場）には通知されません。

実施機関は，第78条の14第２項及び第３項の規定により標準報酬の改定及び決定を行つたときは，その旨を特定被保険者及び被扶養配偶者に通知しなければならない。

第8章　年金制度で良かれと思ってやっていること

Q141　国民年金の保険料は，毎月納付しています。何か問題がありますか。

A　毎月納付は，納付額が「最も高い」納付方法になります。

勤務先の医療機関に保険料の請求が行われる厚生年金保険と異なり，**国民年金は個人で保険料を納付**しなければなりません。そもそも（毎月の報酬に応じた保険料がいくらという）報酬比例の考え方は厚生年金保険の考え方であり，国民年金は年度によって若干の変動はあるものの保険料は固定されています。保険料の納付を失念していた場合は，障害年金の保険料の納付要件を満たさなくなるリスクや年金額が低額になるリスクもあるために，毎月納めることを習慣化してしまう考え方には一理あります。

厚生年金保険であれば，保険料の納付は勤務先の医療機関の責任であり，厚生年金保険に加入中に保険料の未納等はあり得ません。一方で，国民年金には，盾となってくれる存在がありませんので，自己責任で管理しなければならず，ある意味厳しい面があります。もちろん，毎月忘れることなく保険料を納める姿勢は褒められることですが，毎月納めることで年金額が増えるわけでもありません。

老齢基礎年金は「フルペンション減額方式」であり，20歳から60歳までの480か月漏れなく保険料を納められれば，終身にわたって満額で受給（令和４(2022）年度は月額64,816円）できるということです。よって，毎月漏れなく保険料を納めた結果としては，単に満額から減額されずに受給できるだけに過ぎません。

国民年金保険料の納付方法は，大きく分けて次の３つがあります。

① 毎月納付書で納付
② 口座振替
③ クレジットカード

結論としては，②の**「口座振替」**が最も金銭的負担の少ない納付方法となります。保険料として納める額が少ないために，実質的に最も得な納付方法です。ただし，最も金銭的負担の少ない納付方法とは，通常の保険料納付期限（その月の保険料を翌月末日までに納付する）よりも早く納付する**「前納」**という方法で納付する必要があり，最長期間である**「２年前納」**を選択することで，約１か月分の保険料（約16,000円）が節約できます。

①の**「毎月納付書で納付」**する方法には，まったく割引がありませんので，納付のために診療業務の合間などの貴重な時間を割いて頻繁に銀行等に通っているにもかかわらず，納付額の最も割高な方法になります。

国民年金の保険料は前納したほうが安いのは理解しています。

いずれ医療法人化を予定しており，厚生年金への加入が義務になるようなので，前納を見送っていますが，何か問題はありますか。

A　前納したにもかかわらず，中途で厚生年金へ加入した場合は，必要な手続きをすることによって保険料が還付されます。

前納のメリットは，口座振替と組み合わせることで割引率が高くなり，**「２年前納，かつ，口座振替」が最もお得な納付方法**です。ただし，（医師の場合はあまり問題にはならないと思いますが）全納はある程度まとまった金額を用意しなければなりません。たとえば，２年前納は，金額にして約380,000円になります。これは国民年金の保険料のみですので，他にも収入に応じて高額となる住民税と国民健康保険料（40歳以上なら介護保険料も）の納付もあり，ある程度の負担になります。

今後，個人クリニックから医療法人化する予定の本相談事例では，「前納の負担は感じていないが，いずれ厚生年金保険に加入することになるため無駄払いになる。」と考えられたようです。医療法人化を契機に国民年金の第１号被保険者から第２号被保険者に切り替わった場合は，切り替え後は厚生年金保険料の納付対象者になります。そのため，国民年金保険料と厚生年金保険料の二重払いにならないように，国民年金保険料は還付されます。自動的に保険料がご自身の指定口座に振り込まれるわけではなく，年金事務所での手続きが必要になります。

また，重要な点としては，**還付には２年の時効**がありますので，（医療法人へ移行後は多忙になることを勘案すると）早めに済ませておくことが無難です。

Q143 口座振替には，心理的に抵抗感がありますが，ポイントが貯まるクレジットカードを検討しています。何か問題はありますか。

A 割引率の面では，口座振替のほうが得です。

口座振替またはクレジットカードによって**「前納」した場合の保険料額と割引額を比較する**と，次のとおりです。どちらがより得かという見地に立つと，**口座振替のほうが得**という結果です。

口座振替による保険料額と割引額

	６カ月前納	１年前納	２年前納
令和５年度	97,990円 (1,130円)	194,090円 (4,150円)	385,900円 (16,100円)

(　　)は毎月納める場合と比較した割引額です。

現金およびクレジットカード納付による保険料額と割引額

	６カ月前納	１年前納	２年前納
令和５年度	98,310円 (810円)	194,720円 (3,520円)	387,170円 (14,830円)

(　　)は毎月納める場合と比較した割引額です。

(出典) 日本年金機構：『国民年金保険料の「２年前納」制度』

筆者が経験した相談事例でも，「口座情報を知られるのはさすがに抵抗がある。」という声は少なくありませんが，クレジットカードでも程度の差はあれ，同じことがいえます。

国民年金保険料におけるクレジットカード納付は，JCBやVISA等が対応しており，書類の不備や記載内容に不明瞭な点がなければ手続きから２か月程度で納付が開始されます。クレジットカード納付を検討される方は，**ポイントが貯まる点**にメリットを感じていることが多い印象です。また，カードの利用明細で，他の支出と併せて一覧で管理がしやすい点があげられます。

ただし，クレジットカードなら画一的にポイントが貯まるかというとそうではなく，なかには対応していないカードもあります。個人クリニックを開業した際に，納付専用に新規のクレジットカードを作ったものの，そのカードはポイント付与の対象外であった相談事例もありました。カード情報が変更となったことを失念していたために，納付期限までに納付ができておらず，結果として延滞金が発生することもあり得ます。

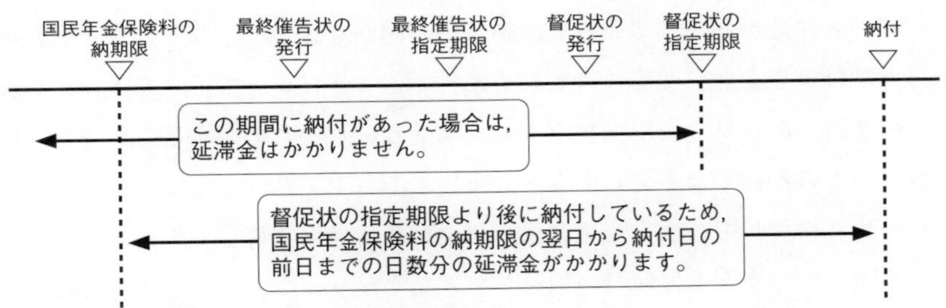

（出典）日本年金機構：『国民年金保険料の延滞金』

対策としては**「指定代理納付者」**に指定されているクレジットカードであれば，更新後のカード情報が日本年金機構に自動的に通知されるため，多忙な医師であっても面倒な手続きや手続き漏れに起因する不安感もなくなります。指定代理納付者の一覧は，日本年金機構のホームページ（『クレジットカードでのお支払い』を参照）から確認できます。

また，一旦クレジットカードでの納付を手続きしても，辞退することはできます。その場合は，手続きをした月以降に納付が停止されます。

Q144

クレジットカード情報も個人情報にあたるため，抵抗があります。
そこで，家族にお願いして現金での納付をしていますが，どのような問題がありますか。

A

納付書を紛失したことによる納期限遅滞が最も多いです。

国民年金の保険料を現金で納付する場合は，日本年金機構から住民登録をしている住所に納付書が送られてきます。この時点で，住民登録をしている住所と実際の居住地が異なっていると，納付書が届かないことになります。実際の納付は納付書を金融機関等に持参して納付することによってできますが，自動的に引き落しがされる口座振替やクレジットカードからの引き落しと違い，納付書そのものが無くなってしまうと，家族であっても払うことはできません。万が一にも紛失してしまった場合は，年金事務所で再交付してもらえますが，２年を超えてしまうと保険料の納付ができなくなります。また，12月31日までに納められていれば確定申告の対象になりますが，その対象にも含めることができなくなるリスクも想定されます。

なお，**任意加入被保険者**については，原則として口座振替になりますが，特段の事情があって，申出が認められれば，クレジットカードや納付書での納付も可能になります。

医療法人化した場合は，国民年金ではなく，厚生年金保険へ切り替わり，口座振替または納入告知書によって翌月末の納期限までに納付することになります。口座振替であれば，残高不足等の場合を除いて納付漏れを回避できますが，納入告知書の場合は理論上では納付漏れが起こり得ます。納期限までに保険料の納付が確認されないと督促状が送付され，併せて電話等による納付督励が行われます。督促状により指定された期限までに完納しない場合は，滞納保険料に延滞金も付加され滞納処分に移行します。

個人情報等の取り扱いに敏感な方は，クレジットカードや口座振替に難色を示す傾向があります。その場合には，納付書や納入告知書による納付でも何ら問題はありません。他の書類に紛れ込んでしまうことや紛失してしまうことで，再発行の依頼をせざるを得ないことや，納付期限に遅れてしまうリスクがあることに注意すべきです。

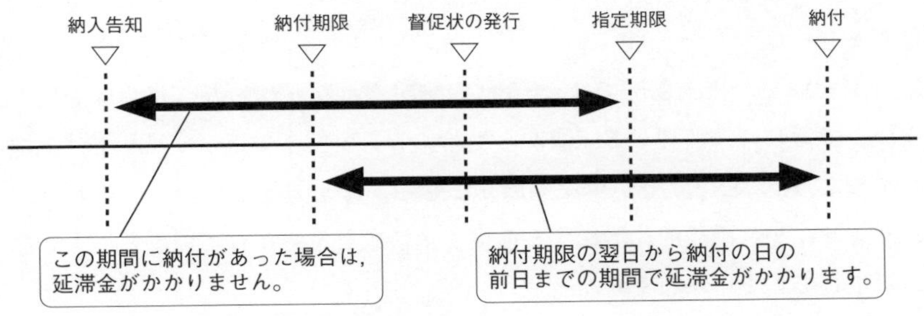

（出典）日本年金機構：『延滞金について』

Q145

年金の受給を75歳まで繰り下げることで，年金が「84%も増額する」と聞きました。

銀行でこの利息をつけるのはほぼ不可能であるため，繰り下げを検討していますが，どのような問題がありますか。

A

65歳到達月の翌月分以降の老齢厚生年金（報酬比例部分）が全額支給停止の方は繰り下げをしたとしても，老齢厚生年金（報酬比例部分）はまったく増額しません。

第４章でも触れている部分ですが，非常に誤解が多い部分です。特に高額酬層に位置することの多い医師は，繰り下げたことによる増額対象は極めて限定的です。「84%増額」することは，理論上はまったく誤りではありません。ただし，増額の対象となる部分にまで着目しなければ，誤解されたまま老後の生活を迎えることになりかねません。

在職老齢年金制度は，国民年金ではなく**厚生年金保険に限定された制度**です。老齢厚生年金（経過的加算部分）は，老齢厚生年金を繰り下げることによって１階部分にあたる老齢基礎年金と同様に「繰り下げた月数×0.7%」が増額対象です。ただし，老齢厚生年金（報酬比例部分）は全額支給停止の方の場合は，繰り下げていなくても受給できなかったわけですから，繰り下げたとしても増額はしません。

筆者が経験した相談事例では，「今は報酬がそれなりにあり，年金は受給できない。であれば，無理して65歳から受給する必要性もないので繰り下げて増やしておこう。」という方が少なくありません。考え方としておかしいわけではありませんが，画一的に増額する前提で生活設計を組まれていると，大きな狂いが生じてしまいかねません。

それでは，「老齢厚生年金」を繰り下げて老齢厚生年金（経過的加算部分）と老齢厚生年金（報酬比例部分）も増額された年金を受給したい場合はどうすべきか，という相談になります。その場合は，老齢厚生（報酬比例部分）が全額支給停止（あるいは一部支給停止）にならないような報酬額に設定しておく必要があります。また，繰り下げは，厚生年金と国民年金の両方の繰り下げ，あるいはいずれか一方のみの繰り下げも可能です（繰り上げの場合は，両方を請求しなければならない）。

統計上は，繰り下げの申し出は１％程度となっていますが，繰り下げ可能年齢の拡大やメリットが報道等によって認知されてきており，今後，繰り下げを申し出される方は増加することも考えられます。ただし，重要なのは，ご自身の報酬設計等によってはメリットが限定的であることを押さえておく必要があります。また，繰り下げは，最低１年間（66歳以降）は繰り下げる必要があり，その後は１か月ごと（たとえば，66歳と１か月の繰り下げ）に選択ができます。

以前，「報酬額を引き下げれば厚生年金も受給できるようになる。」とのアドバイスを受けました。早速，報酬を引き下げたので，次の年金支給日に振り込まれる年金を元手に，久しぶりに地方の学会に行く予定です。

何か問題はありますか。

A　報酬額の変更から「標準報酬月額」の変更までは，４か月はかかります。

65歳到達月の翌月分の年金から受給したい場合は，その月から遡って４か月前から報酬額を変更しておく必要があります。報酬額を変更した際には，「月額改定届」に変更月から３か月間の報酬額を記載し，**「４か月目」から変更になる**ためです。もちろん役員報酬の場合は利益操作ができてしまうため，特段の事情がない限りは期の途中で役員報酬を変更してしまうと損金計上ができなくなる等の経営的な問題もあります。よって，年金受給開始から逆算して早期に検討しておくべき部分です。

筆者が経験した相談事例では，65歳到達月に日本年金機構から年金請求書の葉書が送付されてきますが，この段階で引き下げを検討される方が多く，在職老齢年金制度によって年金が全額支給停止されてしまう期間が発生したということです。また，一部停止であっても，思いのほか年金が増額しなかったという声もあります。

これは，受給開始から逆算した報酬設定のタイミングの問題で解消できます。役員報酬を引き下げることで，給与明細上では個人にかかる所得税は４か月を待つことなく低くなりますが，そもそも標準報酬月額は原則として４か月目から変更となる点をおさえておく必要があります。

Q147 年の差婚であったため，妻は若く，できるだけ多くの年金を遺してあげたいと思い，繰り下げをして待機中です。

A **老齢厚生年金の繰り下げをすると，配偶者加給年金も受給できなくなります。**

厚生年金保険には，「年金版の扶養手当」ともいわれる**加給年金という加算**があります。この加算を受けるための要件は，厚生年金保険に20年以上加入しており，65歳到達時点（あるいは定額部分の支給開始年齢到達時点）で生計を維持する65歳未満の配偶者または18歳年度末に達する前の子（障害状態にある場合は20歳未満）がいる場合に加算されます。65歳到達後（あるいは定額部分の支給開始年齢到達後）に20年以上となった場合は，在職定時改定時または退職改定時等に生計を維持する65歳未満の配偶者または18歳年度末に達する前の子（障害状態にある場合は20歳未満）がいる場合に加算されます。令和４（2022）年度における金額は，配偶者については223,800円，１～２人までの子については223,800円，３人目以降の子については74,600円です。また，配偶者の加給年金には，生年月日に応じて33,100円から165,100円の特別加算がつきます。ただし，老齢厚生年金を繰り下げてしまうと，加給年金を受給することはできませんし，（加給年金はあくまで加算という位置づけですので）繰り下げたとしても増額の対象ではありません。また，配偶者は，年齢が65歳に到達すると加給年金は終了（繰り下げしたとしても配偶者の年齢は刻々と65歳に近づいていく）になります。

繰り下げた場合には，（在職老齢年金による支給停止がなければ）もちろん１か月当た0.7%の増額になるメリットもあります。ただし，調整されることなく老齢厚生年金を受け取るには，場合によっては総報酬月額相当額を調整する必要がありますが，配偶者に係る加給年金の場合（令和４（2022）年度）の223,800円＋（33,100円から165,100円）を比較すると，加給年金のメリットも捨てがたいといえます。さらに，繰り下げのメリットも享受したい場合は，国民年金のみ繰り下げて，厚生年金保険は（加給年金を受け取れるため）通常どおり請求する選択肢も現実的です。

Q148

私の加給年金は，妻が年下でも，妻自身が20年以上厚生年金に加入しながら老後の年金を受けている場合は，対象外と聞きました。

妻も医師ですが，在職老齢年金が全額支給停止されていれば，加給年金は受給できるという理解でいいですか。

A

令和４（2022）年４月以降に（この相談事例のように）妻が実際にご自身の年金を受け取れていなくても受け取る権利を持っている場合は，加給年金も停止されることになりました。ただし，一定の経過措置が設けられています。

厚生年金保険に20年以上加入している夫に，65歳到達時点に生計を維持している65歳未満の妻または18歳年度末に達する前の子（障害状態にある場合は20歳未満）がいる場合には，夫の老齢厚生年金に加給年金が加算されます。ただし，妻も厚生年金保険に20年以上加入していて特別支給の老齢厚生年金等を受給している場合には，加給年金は加算されません。

加給年金には年金版の扶養手当という側面があり，生計を一にする配偶者といえども，厚生年金保険に20年以上も加入した年金を受け取っているということであれば，ある程度の所得保証がなされていると考えられるためです。本相談事例のように，年下の妻も同じ医師であり，妻の年金は在職老齢年金によって「全額停止」されている場合は，厚生年金保険に20年以上加入した年金をまったく受給していないことになるため，年上の夫へ加給年金の加算がついていました。

ところが，妻も高額報酬ゆえに全額支給停止された場合は年上の夫へ加給年金の加算がつき，一部のみ支給されていたような場合は年上の夫の加給年金はつかない（当該年金の中身としては厚生年金保険に20年以上加入しているものであるため）という「不合理」が問題となっていました。

そこで，令和４（2022）年４月以降は，妻が（在職老齢年金により）老齢厚生年金を実際に受け取っていなくても，受け取る権利を持っている場合（高額報酬ゆえに在職老齢年金により支給停止となっているなど）には，加給年金額は全額支給停止されることになりました。ただし，過去の年金制度の経緯（ある程度段階的に制度を施行してきた），既得権保護の観点から，令和４（2022）年３月時点で次の①および②の要件を満たす場合は，令和４（2022）年４月以降も引き続き加給年金の支給を継続する「経過措置」が設けられました（参考：日本年金機構『加給年金と振替加算』を参照）。

① 本人の老齢厚生年金または障害厚生年金に加給年金が加算されている
② 加給年金額の対象者である配偶者が厚生年金保険への加入期間が20年以上ある老齢厚生年金等の受給権を有しており，全額が支給停止されている

なお，「経過措置」については，配偶者の65歳到達，死亡，離婚等の理由により加給年金が不該当となった場合のほか，次の①，②，③のいずれかにあてはまった場合に終了します。また，②または③に該当する場合は，経過措置終了の届出が必要になります。

① 本人の老齢厚生年金または障害厚生年金が「全額支給停止」されることになったとき
② 配偶者が失業給付の受給終了によって老齢厚生年金の「全額支給停止」が解除されたとき（失業給付の受給により，配偶者の令和４（2020）年３月分の老齢厚生年金が「全額支給停止」されていた場合に限る）
③ 配偶者が，年金選択により他の年金の支給を受けるようになったとき

医師同士が夫婦のケースは珍しくありません。そして，医師である夫婦ともに60歳を過ぎても医師として活躍している場合は，本相談事例の内容に該当する事例を多く目の当たりにします。

149 お互いに国民年金に加入中です。私が妻の国民年金の保険料とiDeCoの保険料を納付しており，確定申告の際にその分も含めて申告しようと思います。何か問題はありますか。

A 妻のiDeCoの保険料は，年末調整でも確定申告でも，含めて申告することはできません。

妻の国民年金の保険料とiDeCoの保険料を納付して，その分を確定申告の控除に含めて申告するとのご相談です。

国民年金保険料は，ご自身の分だけでなく，生計を一にする妻の分も社会保険料控除として申告は可能です。ただし，iDeCoについては，妻の分を含めることはできません（ご自身の分は**小規模企業共済等掛金控除**として申告が可能です）。小規模企業共済等掛金控除は，ご自身の分のみしか対象になりません。これは，そもそも所得税法75条が「生計を一にする配偶者」の分も含める規定になっていないためです。

Q150

私が勤務医時代から続けているiDeCoは，法律の改正で65歳まで加入できるようになったようです。

よって，引き出し可能な「解禁日」である60歳のときに開業資金を確保するため老齢給付金を引き出して，65歳の前に再びiDeCoを開始する予定です。

何か問題はありますか。

A

iDeCoの再加入自体は可能できますが，再加入の前に老齢給付金を引き出してしまうと，再加入の権利は失われます。

法律の改正によって，**iDeCoへの加入可能年齢が60歳から65歳へ引き上げ**られました。これには，公的年金の被保険者であればという要件が付きますが，60歳以後も厚生年金保険の被保険者であることや，定年退職によって厚生年金保険の被保険者資格を喪失した後であっても任意加入被保険者になる場合は，iDeCoに加入できます。ただし，iDeCoの老齢給付金を受給されてしまった方はiDeCoに再加入することができません。また，医師ではあまり見受けられませんが，老齢基礎年金，老齢厚生年金を65歳前に繰り上げ請求した場合も，iDeCoへ加入することはできません（特別支給の老齢厚生年金を65歳前の本来の受給開始年齢から受給した方は，iDeCoへの加入は可能です）。

同様に，**任意加入被保険者となる場合もiDeCoに加入できる**ようにはなっていますが，既に国民年金の保険料納付済月数が480か月に達している場合は任意加入被保険者になることはできませんので，副次的にiDeCoにも加入できません。また，第３号被保険者（たとえば，勤務医である夫に扶養される妻。逆のケースもあり）の加入可能年齢は「60歳まで」ですので，それ以上になると加入できないことから，iDeCoにも加入できないことになります。

引き出し可能な「解禁日」である60歳に資金の引き出しを検討されている本相談事例では，**60歳までの「通算加入者等期間」**が10年に満たない場合は，60歳で受給することはできません。なお，「通算加入者等期間」とは，次の期間を指します。

- ○　企業型年金加入者期間
- ○　企業型年金運用指図者期間
- ○　個人型年金加入者期間
- ○　個人型年金運用指図者期間

もしも，上記の期間が10年に満たない場合の受給開始年齢は，次のとおりです。なお，「運用指図者」の期間は含まれても，**Q28**（64ページ）の「自動移管後」の期間は含まれません。

- ○　８年以上10年未満：61歳
- ○　６年以上８年未満：62歳
- ○　４年以上６年未満：63歳
- ○　２年以上４年未満：64歳
- ○　１月以上２年未満：65歳

Q151　iDeCoを運用している間は，利益が出ても非課税であるため，受け取り方には特段こだわっていません。何か問題はありますか。

A　非課税なのは運用時であり，受け取り時には税金が発生します。

もちろんある程度の優遇措置はあるものの，受け取り時にもまったく非課税ということはありません。原則として，受け取り方法は，次の３つに分けられます。

① 一時金として受け取る
② 年金として受け取る
③ ①と②の併用

「優遇措置」については，まず①の一時金を受け取る場合は「退職所得控除」が適用され，②の年金として受け取る場合は「公的年金等控除」が適用されます。いずれも一定額までは税金がかからないメリットがあります。

①の**「一時金として受け取る」**は，勤務医として勤めていた医療機関から退職金が支払われる場合には，iDeCoで受け取る一時金と合算したうえで退職所得控除が適用されます。②の**「年金として受け取る」**も，iDeCoだけでなく厚生年金保険や国民年金から受け取る年金との合算になります。よって，退職金が支払われる場合には，iDeCo以外の年金がいつから支払われるのかも総合的に考慮のうえで，選択するのが堅実といえます。

平成29（2017）年３月末時点では，一時金と年金のどちらを選ぶかについては，統計上９：１で圧倒的に一時金のほうが多数派です。一生に何度も訪れることではありませんので，①か②かは統計に流されずご自身に置き換えてどちらが損をしないかを確認すべきです。一時金を選ばれた方の考え方として，ある程度まとまった資金が必要であった，何度も手続きするのが面倒で一時金を選ぶことで手続きを１回で終わらせたかった，年金を選ぶとその後も資産が口座に残ることになるため当該資産から口座手数料が引かれ続けるのが納得いかなかったなどの声があります。

考え方としては，年金が少ない場合は②の年金のほうが損は少なくなり，退職金が少ない（もはや制度が存在せずもらえない）場合は①の一時金のほうが損は少なくなると考えるのが妥当です。また，なぜ自己責任の元に拠出したお金に対してまで課税されるのかという意見もあります。「運用益は非課税」というキーワードがミスリードになっていて，制度上は「課税の繰り延べ」になっていると考えられます。

Q152 統計上，iDeCoの９割は一時金で受け取っているようなので，私も一時金で受け取ることにします。何か問題はありますか。

A 統計上は９割が一時金であっても，ご自身のライフプランを第一優先して判断すべきです。

一時金を選択する場合の最大の注意点としては，職場で退職金が支払われるか否かです。これは，iDeCoの一時金と合算して計算することになるからです。

退職所得は，次の計算式で求められます。

勤続年数	退職所得控除額
20年以下	40万円 × 勤続年数 ※ 80万円に満たない場合は80万円
20年超	800万円 ＋ 70万円 ×（勤続年数 － 20年）

医師の働き方として，国家試験合格後１か所の病院に定年退職時まで勤めることは極めて稀です。たとえば，長めに見積もって15年在籍した場合は，【40万円×15年＝600万円】が退職所得控除として適用されることになります。一時金で受け取る場合の退職所得控除は600万円になりますので，運用によって相当程度の利益があったとしても税金はかからないケースも想定されます。

30年在籍の場合は，【800万円＋70万円×（30年－20年）＝1,500万円】が退職所得控除として適用されることになります。ただし，退職所得控除は，勤続年数が長ければ長いほど控除額が大きくなる仕組みです。

医師は入退職が多い傾向にあるため，複数の医療機関から退職金を受給しているケースが少なくありません。そこで，iDeCoでは，iDeCoとしての給付を受け取る19年以内に職場から退職金を一時金として受け取っている場合は，受取金額を合算して計算することになり，退職所得控除においては，加入期間が重複している年数を差し引いて計算することになります。なお，iDeCoの掛金拠出期間は，「勤続年数」に置き換えて考えられます。よって，医師の場合は，単純に統計上の数値（9割は一時金を選択）のみで判断するのではなく，これまでの勤務医としての期間（退職金を一時金として受給したタイミング等）も十分に勘案して判断すべきです。

さらに，iDeCoを年金として受け取るタイミングに合わせて，在職老齢年金の影響で年金額をカットされないように報酬を調整したという相談事例もあります。在職老齢年金制度は厚生年金保険制度のなかのものですので，iDeCoにおいては直接的な影響はありません。よって，年金をカットされないように報酬を調整することは，明らかに的外れな対応になります。また，iDeCoを年金で受け取ると，所得の区分として「雑所得」扱いになります。

本相談事例は，社会保険に加入中のようですが，個人クリニックで社会保険に加入しておらず，健康保険は国民健康保険に加入している場合は，収入が増えているために国民健康保険料も増える（もちろん医療費控除等，他の控除によって結果的に増えないこともあり得ます）ことになります。そして，iDeCoからの年金受給が終わるまでは，口座管理手数料が引かれ続けるというデメリットもあります。他方，年金受給のメリットとしては，iDeCoの資産運用は継続することとなるため，運用成績の如何によっては受給額を増やせる可能性もあります。どのあたりまでデメリットを許容できるのかによって判断すべきところです。

Q 153 **任意加入で過去に滞納していた国民年金保険料を納める予定です。最近は保険料が高くなっているので，わかっていればもっと早く納めていました。**
今後は，どうなりますか。

A **国民年金保険料は，平成28（2016）年４月以降は16,000円台に突入しています。今後も，保険料の額が継続的に下がるとは考え難い状況です。**

昭和36（1961）年４月に施行された国民年金法は，制定当時の保険料は35歳以上の方が150円でした。制定前年である昭和35（1960）年は総人口9,342万人のうち15歳〜64歳の人口が6,000万人（人口割合64.2％）に対して，65歳以上の人口は535万人（人口割合5.7％）であり，11.2人で65歳以上の高齢者を支えている状況でした。しかし，平成27（2015）年には総人口12,660万人のうち15歳〜64歳の人口が7,682万人（人口割合60.7％）に対して，65歳以上の人口は3,395万人（人口割合26.8％）であり，2.3人で65歳以上の高齢者を支えている状況となっています。さらに，令和12（2030）年には推計で総人口11,662万人のうち15歳〜64歳の人口が6,773万人（人口割合58.1％）に対して，65歳以上の人口は3,685万人（人口割合31.6％）であり，1.8人で65歳以上の高齢者を支えている状況となり，国民年金制度だけでなく，社会保険制度全体で持続的な運営をするためにさまざまな策を講じていく必要があるとされています。

このような状況で，国民年金保険料額の上昇はそのなかの１つのであり，平成19（2007）年４月〜平成25（2013）年３月は14,000円台，平成25（2013）年４月〜平成28（2016）年３月までは15,000円台と，年々上昇している状況です。ただし，保険料額が変わっても納付済月数は同じ１か月であることを勘案すると，今後保険料額が著しく下がるとは想定し難いため，より早期に納めておくほうが負担は少ないと考えられます。もちろん，未納期間は老齢基礎年金の計算対象外となり，年金額が固まった後は一生涯変動することはありません（マクロ経済スライドや改定率の改定等による変動はあります)。なお，付加保険料については，昭和49（1974）年１月以降400円からの変動はありません。

Q 154 退職して海外居住する予定です。できれば，iDeCoの継続を希望しています。継続できますか。

任意加入しなければ，iDeCoは継続できません。

海外居住者（国内非居住者）は，次の２つのいずれかにあてはまれば，iDeCoに継続して加入できます。

(1) 国内法人で厚生年金保険の被保険者のまま海外へ赴任する

国内法人から労働の対象として報酬が支払われながら，原則として（派遣先国にもよりますが）社会保障協定締結国（ドイツなど）への派遣であれば，派遣期間が５年以内の「一時派遣」に該当する場合は，厚生年金保険の適用を受けることができます。派遣期間が５年を超える場合は，原則として就労先国の制度のみに加入することになります。

(2) 国民年金の任意加入被保険者となる

出国の際に，任意加入被保険者の手続きをする必要があります。手続きは，これから海外へ渡る場合は住所地の市区町村の窓口に，既に海外に居住している場合は日本国内における最後の住所地を管轄する年金事務所または市区町村の窓口で行うことになります。また，日本国内に住所を有したことがなければ，千代田年金事務所が担当の窓口になります。

iDeCoに加入する意図としては，多くの場合は年金額を増やすことが目的と考えられます。そこで，任意加入被保険者であっても，付加保険料（月額400円）を納めることができます。ただし，任意加入被保険者でありながら免除や納付猶予，学生納付特例の申請はできません。そもそも任意加入被保険者は，追加で保険料を納付したいという意思表示と考えられますので，免除や納付猶予，学生納付特例の申請をして保険料の納付を待ってほしいという意思表示は，相反して矛盾するためです。

また，任意加入被保険者加入の際に，既に国民年金保険料の納付済月数が480か月に到達している場合は，任意加入被保険者となることはできません。任意加入被保険者でないということは，厚生年金保険の被保険者になる場合を除き，iDeCoに加入できないということです。

Q155

勤務医を経て開業医になる予定です。多忙のため，事務が追い付いていませんが，国民年金の保険料は２年以内なら納められるようなので，２年を超えないように払っていく予定です。

何か問題はありますか。

２年は時効消滅の期限であって，その月分の保険料の「納期限」は「翌月の末日」です。

相談者のご理解のとおり，法律の条文上も，保険料を徴収する権利は納期限の翌日から２年を経過した場合は，時効により消滅する旨の規定です。よって，２年を経過してしまえば保険料を徴収することも，（逆に開業医の目線では）納めることもできないということです。この部分だけを見ると，２年以内に払えば払えるわけですし，年金額も減額しないことになります。ただし，その月分の保険料の「納期限」を超えると，「滞納」扱いになります。

「滞納」扱いとなれば督促の対象者になり，その後に設けられる「指定期限」

までに納付がなければ滞納処分（差し押さえ等）が行われることになります。この場合は，延滞金が課せられますので，２年以内に払えばよいというのは明らかに誤りです。もちろん，延滞金は年金にまったくプラスになりません。筆者が経験した相談事例でも，前年の所得が一定以上あるにもかかわらず7か月程度以上保険料を納めていなければ滞納処分になります。

今回の相談事例は，勤務医を経て開業後は国民年金に加入予定とのことでしたが，厚生年金保険も概ね同じ内容で，その月分の保険料の「納期限」は「翌月末日」です。厚生年金保険料は，法人に対する請求のため，原則として個々人の年金に影響は及びません。ただし，法人としては，納期限までに保険料の納付がない場合はまず督促状が送付されます。それでも納付しない場合は電話勧奨が行われ，その後も納付しない場合は滞納処分に移行されます。督促状の送付と電話勧奨は，並行して行われる場合もあります。督促状で指定された指定期限までに完納しない場合は，滞納処分に移行されます。

資金繰りで督促状の指定期限までに納付が厳しい場合は，保険料納付の猶予制度がありますので，事業所を所轄する年金事務所へ相談することが得策です。

Q156 定年退職後に厚生年金を抜けても，国民年金の任意加入制度を活用して保険料を納めれば年金が増えると聞きましたが，思ったほど年金が増えていません。
他の方法はありますか。

A **国民年金の任意加入制度は，厚生年金に加入し続ける以外にも年金額を増やせる選択肢として，現実的な選択肢ではあります。ただし，国民年金の任意加入制度は，20歳から60歳までの保険料納付済月数が480か月に到達していない方が対象です。既に達している場合は，そもそも加入することはできません。**

定年退職前には，必ず確認しておくべき部分です。

厚生年金に加入し続けるということは，第２号被保険者として国民年金にも加入していることになります。ただし，老齢年金の受給権を有する場合は，65歳以後については厚生年金のみの加入になります。老齢基礎年金は，20歳から60歳までの間の保険料の納付状況が老齢基礎年金に反映されます。

60歳以降も厚生年金保険の被保険者になる場合は，老齢基礎年金には反映ができないため，経過的加算として，国民年金相当分を厚生年金に反映する仕組みがあります。厚生年金から支給される老齢厚生年金は，引き続き厚生年金に加入し続けることで増額させることができます（在職老齢年金によってカットされる場合もあります）。

国民年金の保険料納付済月数が480か月に達しておらず，国民年金の「任意加入制度」に加入した場合は，（厚生年金に加入しながら経過的加算のように厚生年金だけでなく，国民年金相当分の増額もあったのに対して）任意加入制度は国民年金のみの増額です。よって，（厚生年金に加入しているわけではないため）「思ったほど増えていない。」というように感じたものと思われます。

任意加入制度を活用し，１か月分の保険料16,590円（令和４（2022）年度）を納付した場合は，年額で約1,620円増額することになります。よって，納めた保険料の「1か月分の元をとる」には，約10年かかる計算になります。

Q157 老齢年金の裁定請求を妻に依頼しました。年金事務所によると，未統合の記録が存在する可能性があるとのことで，請求書自体は受け付けてもらったようですが，確認を求められました。
何が問題ですか。

A 妻に可能な範囲で前職の情報を伝えたうえで年金事務所に行ってもらうほうが，二度手間になりません。

現在，日本年金機構で保有する年金記録と実際の年金記録が異なっているケースがあります。これは，基礎年金番号ができる前に，国民年金，厚生年金，共済年金等，制度ごとに別々の番号を付番していたこと，そもそも紙管理から電子管理への移行時に齟齬が生じたこと，事業主の手続きにおいて齟齬があったことなど，その理由は複数考えられます。このような記録を**「手番」**（手帳番号の略）と呼び，持ち主が不明になって統合されていないと思われる年金記録のことです。

特に開業医は，多忙な診療業務の合間を縫って平日（年金事務所によっては，特定の土曜日に開所する事務所もあり）に年金事務所へ行くことは難しいことが多いでしょう。また，地域医療連携の状況等によっては，土曜日も診療せざるを得ないことも少なくありません。その場合は，手番の存在自体は年金事務所側からも開示してもらえますが，他人の記録である可能性も否定できないため，（厚生年金の手番であれば）該当すると思われる当時の職場名等を申し伝えることで信憑性ありと判断され，統合することは可能です。ただし，入退職の多い医師であれば，たとえ配偶者であってもすべての情報を把握せずに年金事務所へ向かい，年金相談の時間内（老齢年金の場合は原則45分間）に通常の請求手続きと併せて手番を統合することは大変難しいといえます。

そこで，予め，**履歴書や職務経歴書等で職場名が一覧できる書面を共有**したうえで年金事務所を訪問してもらうのが一案です。また，**複数の年金手帳がある**場合は，そもそも本人以外は持ちえない可能性が極めて高いため，それのみで統合してもらうことも可能です。

Q158 老齢年金の裁定請求を妻に依頼しましたが，委任状に不備があり，請求ができませんでした。年金の時効の問題もあり，次の予約が1週間以上も先になるとのことで，不安を感じています。

どのように委任状を記載すればいいですか。

A 委任状には，委任内容のチェックと委任者の本人確認できるものの持参は必須です。

まずは，請求者からいずれかの日に委任があったと思われますので，委任日が空欄のままでは相談に応じられないことになります。また，医療法人化して，その従業員に依頼するということも仄聞しますが，委任状の受任者を「法人」とすることはできませんので，注意しましょう。

その他の項目は，一般的な委任状と変わりありませんが，「委任する内容」の該当する箇所に「○」を記載しておく必要があります。たとえば，「年金の見込額」と「年金の加入期間について」のみに「○」が入っている状態では，「年金の請求について」が内容の相談は対応ができなくなります。

併せて，相談日当日は来所される委任者の本人確認ができるものも持ち合わせて来所しなければなりません。当然，委任状のみでは本人確認が取れないのと当日来所された方と委任者の紐づけができませんので，至極当然の話ではあります。

委任状については，日本年金機構のホームページ（『年金相談を委任するとき』を参照）にて書式を閲覧，ダウンロードできます。書面を出力する環境にない場合は，委任状と同様の項目が網羅できていれば任意の書式でも差し支えないとされています。

Q159 年金手帳が複数あるので，最新のものだけを保管して，他は破棄しました。何か問題はありますか。

A 統合されていない年金記録があった場合は，当該年金手帳を提示することで記録の統合の際の手続きがスムーズになります。

平成９（1997）年１月以降は，**「基礎年金番号」**が導入されています。それ以前は，国民年金，厚生年金，共済年金等，制度ごとに別々の番号を付番していたこともあり，年金手帳が複数存在することは少なくありませんでした。また，複数存在したとしても，記録が現在の基礎年金番号に統合されていれば問題ありませんが，（日本年金機構の端末上では）統合されていない場合があり，年金手帳を提示することで信憑性のある本人確認になり得るため（そもそも本人以外に保有している可能性が低いため）に，記録の統合が可能になります。

ただし，紛失や盗難のリスクもあるなかで，老後の年金受給開始年齢まで持ち続けるのはいかがなものなのかという意見もあります。その場合は，年金受給開始年齢を待たずに記録の確認および整備が可能ですので，年金の裁定請求の前に未統合の記録の有無の確認を済ませておくことをお勧めします。

Q160 勤務医を辞め，今後はしばらく働く予定はありません。雇用保険被保険者証は破棄してもよいですか。

A 雇用保険被保険者証の写が，特別支給の老齢厚生年金裁定請求時に必要となります。

雇用保険被保険者証の写が必要な理由は，特別支給の老齢厚生年金と雇用保険から支給される失業保険（正式には基本手当）は併給されず，失業保険を受給する場合には特別支給の老齢厚生年金が停止されるためです。本来，雇用保険被保険者証は雇い入れ後，翌月10日までに資格取得の申請をしなければならず，雇用保険被保険者証の交付後は速やかに労働者に交付しなければならないとされていますが，事業主側が交付せずそのまま保持していることもあります。その場合は退職時に交付されることになりますが，併せて交付される離職票は(失業保険受給手続きで使用するために）保管していても雇用保険被保険者証は破棄してしまったといった事例がよくあります。その場合は，前職の人事部等に問い合わせ再発行等を含めて相談することになります。

また，**雇用保険被保険者番号**は，現在11桁ですが，10桁の時代もありました。現行の「11桁目」にあたる数字は理論上「０～９」の10通りに限定されていますので，年金事務所のほうで確認してくれ，特段，書類は求められないこともあります。勤務医から比較的早い段階で開業医となり，その後，雇用保険制度は継続して未加入であった医師には，比較的高い頻度で起こり得る事例です。

おわりに

本書をお読みいただき，誠にありがとうございました。

旧住友銀行頭取・堀田庄三氏の言葉に，**「おいあくま」**があります。

筆者が年金相談に臨むにあたって常にバイブルとしている言葉で，年金相談においては，次のように解釈をしていました。

お　恐れない（正しく恐れて研鑽を怠らない）
い　威張らない（今の知識は次なる法改正で無意味となることもある）
あ　焦らない（その場で答えが出ない場合は後で追いかけて回答する）
く　腐らない（知識が抜け落ちても再度インプットを繰り返す）
ま　負けない（毎年の法改正は貢献できるチャンスと心得る）

年金制度は非常に複雑怪奇であり，幾多の法改正を経てできあがった「ジグソーパズル」のような構造で，すべてを理解するのはもはや不可能といえる状態です。また，医学界の発展によって年々延びる平均余命，今なお続く超高齢化社会という状況を勘案すると，新たな法改正は現実的なものといえます。単に年金の保険料を納めている間は，「自分達が年金を受給する頃には受給開始年齢が延びるのではないか」，「このまま払っていく意味があるのか」と，少なくとも一度は感じたことがあるでしょう。しかし，わが国から年金制度がなくなることはありません。それどころか，「私的年金」とされる確定拠出年金等は，受給者有利の法改正が続いている状況です。

本書では，公的年金にフォーカスをあてて執筆を行いましたが，私的年金についても公的年金制度と相まって今後さまざまな論点が出てくることが予想され，より複雑な制度になることは想像に難くありません。

本書でお伝えしたいことが1つあります。それは，**「早めに相談する」**ことです。

相談先は，これまでに多くの事例を扱っている年金事務所でも，年金の専門家である社労士でもよいのですが，筆者が危惧する１つの具体的な事例として，**既に「時効」**にかかっており受給できない分の年金がある状態で相談をいただくことがあります。時効は，「法律」で決められているものであり，相談でどうにかなる問題ではありません。

また，年金は「人生を映す鏡」と考えており，年金記録は人によってまったく異なります。昨今，さまざまな情報媒体を通じて情報の取得ができます。そのこと自体は大変便利であり，（手作業で調べていた時代に比べて）早期に問題解決できることは間違いありません。

しかし，なかにはフィルターがかかっていない情報，つまり，この表現だと誤解を招くのではないかと感じる情報もあります。年金記録は人によってまったく異なりますので，目の前の情報が必ず自身にも当てはまるのかはまったく別問題です。相談を受ける際にも，（ネット記事が例外なく不適切ということはありませんが）法律上は誤っていないものの，ご自身には当てはめることができない情報をネット記事で認識された後に相談を受けに来られる方もいます。そのような場合は，相談時間は有限であるにもかかわらず，まずは誤った方向にいかないために，誤解を解くところからスタートせざるを得ません。誰であっても自分自身（あるいは家族）が不利になることを願って年金生活を見据えている人はいないはずです。しかし，認識が誤っていれば，結果的に不利な方向に進んでいることもあります。

そこで，早めに相談をすることで良かれと思ってやっていたことがご自身で目指しているゴールと違う方向に進んでいたとしても，軌道修正をすることができます。相談が早ければ早いほど，採用できる選択肢が多くなるのは，ご専門の医療においても同じことがいえるのではないでしょうか。よって，年金制度においても，一定の専門知識を持つ第三者の助言をもらうほうがより確実といえます。

特に「良かれと思ってやっていること」は，自分自身で悪いという認識がないため，自ら気づくことは極めて困難です。ある相談者様から「年金制度で○○をしている」という話を聞いた際に，多忙ななかでもかなり調べられていて頭が下がる思いで聞かせていただきましたが，その方法では，もはや得失の面で考えると損をしてしまうのではないかと感じることもありました。たとえば，老齢年金の在職老齢年金制度への誤解があげられます。

「亡くなる月」の年金は，例外なくご自身で受け取ることはできません。この年金は，ご遺族が未支給年金として申請することになり，遺族年金とともに最後にご遺族に残してあげられるものです。その時に，あなたのこれまでの年金記録（どのような職場でどれくらいの期間勤めていたのか）をご遺族が知ることとなります。筆者も亡父の年金記録は大切に保管し，今も社労士として生きる糧となっています。

これまで本書でお伝えしたことが，読者の皆様の年金生活に少しでも貢献できることを願っています。本書の出版にあたり，税務経理協会の鈴木利美氏には的確，かつ，寛大なご助言をいただきました。厚く御礼を申し上げます。最後になりましたが，読者の皆様のご多幸を祈念し，筆を置かせていただきます。

蓑田　真吾

【著 者 紹 介】

蓑田　真吾（ミノダ　シンゴ）

1984年生まれ。社会保険労務士。都内医療機関において，約13年間人事労務部門において労働問題の相談（病院側・労働者側双方）や社会保険に関する相談を担ってきた。対応した医療従事者の数は1,000名を超え，約800名の新規採用者，約600名の退職者にも対応してきた。独立後は年金・医療保険に関する問題や労働法・働き方改革に関する実務相談を多く取り扱い，書籍や雑誌への寄稿を通して，多方面で講演・執筆活動中。

医師の年金 Q&A 160

2024年1月25日　初版発行

著　者　蓑田真吾

発行者　大坪克行

発行所　株式会社 税務経理協会
〒161-0033 東京都新宿区下落合1丁目1番3号
http://www.zeikei.co.jp
03-6304-0505

印　刷　光栄印刷株式会社

製　本　牧製本印刷株式会社

本書についての
ご意見・ご感想はコチラ

http://www.zeikei.co.jp/contact/

ISBN 978-4-419-06959-9　C3032